上海体育大学马克思主义理论研究专项出版资助计划

中国系列丛书

国兵荣耀

MOMENTS OF GLORY:
CHINESE TABLE TENNIS TEAM

李 崟——主编

上海教育出版社

目　录

绪　论

中央电视台有一部纪录片《乒乓球在中国》，曾这样形容乒乓球这项运动：它是历史，它是民族情感，它是国家利益。回顾100多年来，从传入时一个小众的运动项目，到成为我们的"国球"，乒乓球已经成为中国体育崛起的标志性符号，成为新中国成立以来中国各项事业不断发展与繁荣壮大的缩影，其中蕴含着无数的感人故事，承载着14亿国人的情感和骄傲。上海体育学院推出《国乒荣耀》，就是要把一代代中国乒乓球人的奋斗故事和伟大精神生动地展现出来，把乒乓球对于增强人民健康、提升国家软实力的重要意义和现实路径生动地展现出来。

作为上海高校"中国系列"思政课程之一，"国乒荣耀"是上海体育学院一门理论性、实践性并重的通识类思政选修课，共分六讲，从不同角度阐释中国乒乓。第一讲"中国乒乓与体育强国"，系统梳理了中国乒乓球事业从站起来到强起来的伟大奋斗历程，彰显体育强国梦与中国梦的息息相关。第二讲"中国乒乓与国家战略"，突出在不同历史时期，我国乒乓事业的发展始终与国家战略紧密结合，尤其是当前建设健康中国背景下，乒乓作为全民健身的重要方式，对于促进全民健康有着重要的作用。第三讲"中国乒乓与中国精神"，主要讲述一代代中国乒乓健儿牢固树立爱国情怀、集体观念，不断发扬创新思维、拼搏精神，登上世界乒坛一座又一座高峰的故事。第四讲"中国乒乓与文化自信"，通过讲述中国乒乓健儿勇于赶超、稳立潮头、乐于帮带的故事，归纳提炼出乒乓自信来源于文化自信的结论。第五讲"中国乒乓与中国智慧"，将唯物辩证法和乒乓运动相结合，讲述了一代代中国乒乓球人对于如何打好乒乓球的思考和探索，同时为其他国家寻求适合自己的发展乒乓球运动道路提供中国智慧和中国方案。第六讲"中国乒乓与工匠精神"，带领大家走近红双喜、双鱼等中国著名乒乓品牌，从球台、球拍、球网的制造技术，以及乒乓器材的选择方法等不同方面，讲述中国制造背后的工匠精神。

"国乒荣耀"是上海体育学院打造体育特色大思政课建设的积极尝试，是推进大中小学思政课一体化建设的重要抓手,也是助力国家"双一流"和高水平地方大学建设的有效途径。在课程设计上,重点突出"馆课融合"的实践特色,把课堂放在中国乒乓球博物馆内,使课程内容与历史资料、人物故事、实景展览紧密结合,让大家在参观中学习,在沉浸体验中感悟,深入领会国乒人奋斗的故事,深刻理解其中蕴含的体育精神和中国力量。在授课方式上,改变了一张讲台、一个面孔的刻板教学模式,邀请大中小学思政课教师、知名运动员、教练员和社会名人、国际友人共同组成师资团队,采用集中授课、嘉宾访谈、互动问答的教学模式,面向大中小学生全面开展。课程注重故事的挖掘和讲述,通过大量生动鲜活的故事,把"讲故事"与"讲道理"结合起来,把"讲体育"与"讲德育"结合起来,引导和激励大家思考中国乒乓球队保持长盛不衰背后的深层次道理,厚植爱国主义情怀。

乒乓球一直是上海体育学院师生的骄傲。2010 年,国家体育总局与上海市人民政府在学校共建中国乒乓球学院,施之皓、张怡宁、闫森、陈彬、冯喆等冠军教练、冠军运动员在这里任教,李晓霞、丁宁、朱雨玲、林高远等一批奥运冠军、世界冠军在这里攻读学位。2013 年,中国乒乓球学院在卢森堡设立了欧洲分院,2018 年在巴布亚新几内亚设立了培训中心,2019 年在克罗地亚设立了实训基地,进一步扩大了对外交流合作,服务国家"一带一路"建设。2018 年 11 月,习近平总书记视察了中国乒乓球学院巴布亚新几内亚培训中心,观看了我校教练员和巴布亚新几内亚学员的训练情况,鼓励我们加强体育人文交流,做两国人民的友好使者。我们认真贯彻落实习近平总书记指示要求,加强与巴新的互动交流,帮助巴新球员在 2019 年太平洋运动会上取得历史最佳成绩。赛后,巴新学员罗伊写信感谢习近平总书记。习近平总书记很快就回了信,鼓励两国青年为深化中国和巴新友好关系作出积极贡献。

习近平总书记的指示言犹在耳。我们期待,通过"国乒荣耀"这门课程的学习,同学们可以深入了解中国乒乓从无到有、再到长盛不衰的辉煌历程,也能深刻理解国球中所蕴含的中国智慧、中国文化和中国精神,更能深刻地领会习近平总书记关于体育强国、教育强国、健康中国的重要论述,从而学会从中华民族伟大复兴的战略高度,认清我们每个人肩上的责任和义务,努力让自己成为某一方面的行家里手,成为国际交流交往的友好使者,成为中国特色社会主义事业的实践者、推动者。

让我们在"国乒荣耀"课程中一起感受中国乒乓所蕴含的中国力量!

第一章 中国乒乓与体育强国

导语

2017年8月,习近平总书记在会见全国群众体育先进单位和先进个人代表等时讲话指出,"体育承载着国家强盛、民族振兴的梦想。体育强则中国强,国运兴则体育兴"。作为我国的国球,乒乓球见证了新中国从站起来到富起来、再到强起来的伟大飞跃,成为新中国体育事业发展壮大的标志之一。讲好中国乒乓球故事,展示好国球文化和乒乓精神,既有利于凝聚起建设体育强国和社会主义现代化国家的磅礴力量,也有利于让国际社会更好认识中国。

一、体育强则中国强,国运兴则乒乓兴

(一)乒乓球运动的起源与传入

乒乓球运动起源于19世纪80年代的英国。19世纪,草地网球运动在欧洲非常盛行,但是英国变幻莫测的天气不利于室外网球运动的开展,于是人们发明出类似草地网球的室内桌上网球,把餐桌当作球台,把雪茄盒当作球拍,把香槟的软木塞做成球,形成了最早的乒乓球雏形。

福斯特乒乓套装是英国人大卫·福斯特于1890年发明的,是现存最早的成套的乒乓器具,包括球、球桌、球拍、球网、毛毡、金属网柱等等,也是国际乒联博物馆和中国乒乓球博物馆的镇馆之宝。19世纪乒乓还是一项贵族运动,到了20世纪初,工业发展迅速的美国开始成套地生产乒乓器材和用具,超过20万美国人参与乒乓运动,打乒乓球成为一种时尚。此后,乒乓球运动从欧美传入亚洲,并逐步在世界各地蓬勃开展起来。

据相关资料记载,乒乓球在20世纪初传入我国天津、上海、广州、香港等少数

图 1-1　福斯特套装

沿海城市。由于器材简便、受场地限制小,乒乓球运动很快受到了大家的欢迎。尤其在上海,民间的乒乓球运动开展得最红火,乒乓球队纷纷成立,民间乒乓球赛事也逐渐兴起。但是当时旧中国面临内忧外患、积贫积弱的困境,包括乒乓球在内的各项体育事业并未得到真正的发展。

在旧中国,有很多优秀的运动健儿在国际赛事中付出过很多努力,但是都以失败告终。比如,我们国家的奥运第一人刘长春。1932 年 7 月 31 日,刘长春代表中国第一次出现在奥运会的赛场上。但是很可惜,在海上漂泊近 3 个星期后孤身出战的他,因排名垫底而遭到外国人的耻笑。1936 年柏林奥运会,中国派出了 69 名运动员参加近 30 个项目的角逐,但最终全军覆没。中国代表团回国途经新加坡时,当地报刊登载了一幅讽刺中国的漫画,称中国人为"东亚病夫"。

当时,大家就深刻地明白了:弱国没有体育!一个积弱已久的国家,无论在思想上、制度上,还是运动员自身的体能上、技术上,都无法和强国比肩。个人命运、体育命运从来都是和国家命运紧密相连的。

(二)新中国成立后创业时期的乒乓探索

在中国共产党的带领下,中国人民经过艰苦卓绝的努力,1949 年 10 月 1 日,中华人民共和国宣告成立,实现了民族独立和人民解放,中国历史由此开辟了一个新纪元。面对国民体质的羸弱和西方世界的封锁敌视,国家亟须依靠振兴竞技体育来激发民族自尊心和自信心,因此加速发展竞技体育成为国家发展体育事业的重要目标任务。

乒乓球就是其中的先行先试者。1952 年 10 月,由中华全国体育总会主办的全国乒乓球锦标赛在北京大学举行,赛后中国乒乓球队正式组建。在此之前,中国乒乓球协会的前身——中华全国体育总会乒乓球部正式加入国际乒联。国际乒联是新中国加入的第一个国际单项体育组织。

1958 年,党中央发出"破除迷信,解放思想"的号召,体育战线也孕育着勇攀世界高峰、为祖国争光的激情。1959 年,为准备参加在联邦德国多特蒙德举行的第 25 届世界乒乓球锦标赛(以下简称"世乒赛"),国家体委、中国乒协决定把国内各地的高手调到北京集中训练。参加这次集训的包括响应祖国召唤的容国团、傅其芳、姜永宁、王锡添等港澳同胞。到了北京开始集训以后,当时兼任国家体委主任的贺龙元帅非常关心大家,经常去观摩队员训练。每次见面时,贺龙元帅都要与队员亲切交谈,嘘寒问暖,关怀备至。看到中央领导这么重视,大家都暗暗下决心,一定要尽自己最大的努力去完成训练比赛任务。

经过一段时间的训练,中国乒协最后确定王传耀、容国团、杨瑞华、胡炳权、徐寅生、庄家富、李仁苏、姜永宁 8 员虎将代表中国男队出征第 25 届世乒赛。很多球员都是第一次参加世乒赛,心理上都不可避免地处于过度紧张状态。在团体赛中,虽然力克联邦德国队和瑞典队,但在半决赛中输给了匈牙利队,痛失与日本队争夺团体冠军的机会。

1959 年 4 月 5 日,中国乒乓球界将永远记住这个日子。那天,德国威斯特法伦体育馆座无虚席,容国团与匈牙利老将西多争夺男单世界冠军。西多在男团比赛中打出了高水平,而容国团在几天之前的团体赛中,刚刚输在西多手下。比赛中,容国团战术成功,越打越有信心,2∶1 领先。随着容国团最后有力一击,第四局比分定格在 21∶14,一个新的世界冠军诞生了!象征世界乒乓球男子单打最高荣誉的圣·勃莱德杯,第一次刻上了"中国容国团"的名字。容国团荣获世界男子单打冠军,是个重大突破。这是中国乒乓球运动的第一个世界冠军,也是中国

图 1 - 2　容国团夺冠

体育的第一个世界冠军,实现了中国乒乓球运动零的突破,在国内外产生了很大的影响。容国团"人生能有几回搏"的格言,成为激励中华儿女奋力拼搏的精神力量。

此后,以乒乓球运动员为代表的中华体育健儿,克服种种困难,在各类世界大赛上崭露头角。1961年,北京承办了新中国第一个国际赛事——第26届世乒赛。在比赛前夕,国家体委举全国之力,选调了108位乒乓球运动员进行集中训练。以直板快攻为主要打法的男、女队主力队员在比赛中充分显示了实力,男队首次夺得了团体冠军。在女单决赛中,邱钟惠苦斗5局力克匈牙利名将高基安,成为新中国体育界第一个女子世界冠军。1963年,第27届世乒赛在捷克斯洛伐克首都布拉格举行,中国乒乓球代表队面对如林的世界强手,英勇奋战,顽强拼搏,夺得了男子团体、男子单打和男子双打3项世界冠军。随后在南斯拉夫卢布尔雅那市举行的第28届世乒赛上,中国运动员在7个项目的比赛中共夺得5项冠军、4项亚军和7个第三名。中国乒乓球队已是连续第三次获得男子团体世界冠军,庄则栋第三次夺得男子单打世界冠军。中国女乒也取得新突破,在团体决赛中击败四连冠日本队,首次夺冠。[①] 中国乒乓球队取得的一个个优异成绩,极大地鼓舞了中国人民建设社会主义事业的信心和决心。

(三) 改革开放春风里的乒乓使命

如果说建国创业,开启了中国乒乓球事业的振兴之路,那么,改革开放无疑为乒乓球事业的发展增添了无穷动力。在综合国力不断增强的前提下,国家对乒乓球事业的投入和保障持续加大,中国人民对乒乓球运动支持和参与的热情也空前高涨。1981年,在南斯拉夫诺维萨德举行的第36届世乒赛上,中国乒乓球队一举夺得7个项目的冠军并包揽了5个单项的冠亚军,带回了7座冠军奖杯。这是世乒赛史上空前的奇迹。这样的成绩在之后的数年间都不可撼动。

图1-3就是世乒赛的7座冠军奖杯,分别是:男子团体冠军奖杯——斯韦思林杯、男子双打冠军奖杯——伊朗杯、男子单打冠军奖杯——圣·勃莱德杯、女子团体冠军奖杯——考比伦杯、女子单打冠军奖杯——吉·盖斯特杯、女子双打冠军奖杯——波普杯、男女混合双打冠军奖杯——兹·赫杜塞克杯。

世乒赛7个冠军的专属奖杯多是以捐赠者的姓名、国名来命名的。每座奖杯

---

① 中国乒乓球队发展史[EB/OL].(2019-02-26).https://www.ctta.cn/zlk/2016/0728/122598.html.

图 1-3　世乒赛 7 座奖杯

上都刻有冠军的姓名、国名及夺冠的时间，岁月流转，奖杯的底座也越来越高。这7 座奖杯都是流动的，各项目冠军可以保留至下一届世乒赛开赛。如果连续 3 次或者总共 4 次获得男女单打冠军，国际乒联就会按照原奖杯的一半制作复制品，赠与冠军获得者永久保存。我国乒乓球运动员庄则栋（26、27、28 届）、王楠（45、46、47 届）、马龙（53、54、55）都曾获得过国际乒联的复制奖杯。

从 1983 年的东京到 1985 年的哥德堡，再到 1987 年的新德里，中国乒乓球队在这 3 届世乒赛上充分展示了自己的非凡实力。

但进入 20 世纪 80 年代末，中国男队的隐忧渐渐显现出来。起源于欧洲的横拍弧圈球打法渐渐成为世界乒坛的主流，而中国传统直板快攻打法的劣势也一点点暴露出来。1988 年，乒乓球首次进入奥运会，中国队兵败汉城，仅获得男子双打和女子单打两项冠军。1991 年日本千叶世乒赛上，中国男队仅获男子团体第七名，中国女队也在团体决赛中负于朝韩联队，不得不将 1975 年就落户中国的考比伦杯拱手让出。[①]

面对危机，中国乒乓球队通过培养新人、创新技术，努力缩小和欧洲的差距。1995 年，第 43 届世乒赛在天津拉开帷幕。这是继 1961 年北京主办第 26 届世乒赛以来在中国举行的第二届世乒赛。中国男团顺利杀入决赛，以 3∶2 战胜了瑞典队，再次捧得斯韦思林杯。受到男团打赢翻身仗的激励，中国队在这届世乒赛上再现了 36 届世乒赛的辉煌，再次包揽了全部的 7 项锦标。

此后，中国乒乓球队多次囊括世乒赛、奥运会的全部金牌，创造了世界体坛罕见的长盛不衰的历史奇观。因此，乒乓球也被大家自豪地称为我们的国球。

2008 年对体育人来说，是具有特殊意义的一年。北京奥运会成功举办，中国代表团位列金牌榜第一，展示了中华儿女坚强不屈、勇攀高峰的精神风貌。在这

---

① 中国乒乓球队发展史［EB/OL］.（2019-02-26）.https://www.ctta.cn/zlk/2016/0728/122598.html.

图 1 - 4　2008 年北京奥运会男单颁奖

图 1 - 5　2008 年北京奥运会女单颁奖

一届奥运会上,中国乒乓球队包揽男女团体冠军,囊括男女单打前三名。国歌的旋律响彻赛场,那个画面也成为奥运历史上的绝唱。因为北京奥运会后,国际乒联就改变了规则,规定每个国家和地区只能派两名选手参加男女单打比赛。

有一位改革开放的同龄人,他是中国乒坛的"常青树",从6岁开始打球,13岁进上海队,15岁入选国家队,36岁退役。在30年的乒乓生涯中,获得了16个世界冠军。他就是中国乒协副主席、乒乓球世界冠军王励勤。

在一次采访中,王励勤说道,他还在幼儿园的时候就被选拔进了少体校接受乒乓球训练。当时的训练条件是很艰苦的,在一个地下室里,因为层高低连高球都打不出来,球拍上的胶皮常常是打到没有摩擦力了还在用。后来,随着改革开放的不断深入,训练条件明显好了起来,训练空间宽敞明亮,队员的服装、器材都配备得很齐全。现在训练条件更加完备了,除了训练团队之外,还有专业的后勤、科研、医疗保障队伍。这一切都来自国家的投入,乒乓球运动员都倍加珍惜。也正是在这样的大环境下,我们国家的乒乓球冠军能够代代相传,乒乓爱好者也越来越多。

参加奥运会,尤其是参加在本国举办的奥运会,是每一个运动员的梦想,王励勤也不例外。王励勤职业生涯中印象最深的比赛就是2008年北京奥运会。在那届奥运会上,通过全队上下的努力,王励勤和王皓、马琳获得了男子乒乓球团体冠军,捍卫了祖国的荣誉和中国乒乓球队的荣誉。男团比赛结束之后就是男单比赛,王励勤和王皓、马琳从队友变成了对手。在男单半决赛时,王励勤遗憾地以2∶4输给了马琳。当时王励勤的心里是非常不好受的,毕竟知道这应该是自己最后一次参加奥运会了,又是这么有特殊意义的一届奥运会,希望自己能够获得更好的名次。但王励勤也深深知道,祖国的荣誉高于一切,必须迅速调整好自己的状态迎接下一场铜牌争夺战,才能不负国家的培养和大家的期待。所以他在很短的时间里调整好自己的心态和状态,在两个小时后的季军争夺战中以4∶0战胜瑞典老将佩尔森。在那晚的北京大学体育馆,王励勤和王皓、马琳让3面五星红旗同时升起在了奥运会乒乓球男子单打颁奖仪式的现场。当时大家都热泪盈眶,那种自豪感和荣誉感是一辈子也忘不了的,这不仅仅来自比赛本身,更多的是通过奥运会、通过乒乓球让更多人看到了祖国的强盛。

2012年伦敦奥运会、2016年里约奥运会,中国队再度包揽全部4金。2020年东京奥运会,新增混双项目,增加1枚金牌,乒乓球金牌数增加为5枚,即男单、女单、男团、女团、混双。中国乒乓球队顽强拼搏、奋勇争先，取得了4枚金牌（男单、女单、男团、女团）和2枚银牌（混双、男单）的优异成绩，圆满完成参赛任务。

截至2023年5月，我们国家共培养了117位乒乓球世界冠军，夺得金牌259枚，其中奥运会金牌32枚，世界锦标赛金牌156枚，世界杯金牌71枚。[①] 可以说，乒乓球运动起源于欧洲而花开于华夏大地，半个多世纪以来中国乒乓球强国的地位无人能够撼动。

我国乒乓球健儿的故事一次次证明，如果不是因为祖国的强大，如果没有祖国的全力保障，乒乓球健儿不可能走到世界的舞台中央。中国近代体育的发展历程也告诉我们，没有国家的强大，刘长春"一个人的奥运之旅"不可能走得很远，"百年奥运圆梦"也不可能实现。一代代乒乓健儿没有辜负国家和人民的期盼，始终坚定祖国荣誉高于一切的信念，让五星红旗一次次升起、《义勇军进行曲》一次次奏响，激发了全国人民的爱国热情和全世界中华儿女的民族自豪感，助推了国家软实力的不断提升。可以说，中国乒乓球从无到有、由弱变强，已经成为中国体育的代表性符号。中国乒乓球的奋进历程，始终紧扣时代脉搏，是中国从站起来到富起来、再到强起来的生动缩影，是实现体育强国的重要标识。

二、小球转动大球，体育拥有改变世界的力量

（一）"乒乓外交"开启中美关系正常化的历史性进程

在乒乓球运动史上，有一件事常被人津津乐道，那就是"乒乓外交"。

20世纪60年代末，正处于冷战高峰时期。美国经过10多年的越南战争，耗费了大量军费，与苏联比较起来，国际地位相对下降，需要寻求抗衡苏联的力量。而新中国"两弹一星"的研制成功，使得中国国际地位大幅度提高，成为美国争取结盟的对象。与此同时，新中国也希望与美国接触，以求提升国际政治形象及争取恢复联合国的合法席位。但政治制度、历史文化的巨大差异和多年的隔阂，使得两国缺少一个合理的契机。就在这个时刻，乒乓球出现了。

1971年4月，在日本名古屋举行的世乒赛上，美国运动员科恩意外上了中国队的专车。刚上车时，科恩没有进来坐，尴尬地站在了车门口的地方；车内的中国

---

① 中国乒乓球队发展史[EB/OL].(2019-02-26).https://www.ctta.cn/zlk/2016/0728/122598.html.

图 1-6　庄则栋与科恩友好交谈

运动员也都十分吃惊，无人敢主动上前去科恩交谈。经过一番激烈的思想斗争，本来坐在最后一排的我国国手庄则栋终于主动走上前去与科恩交谈，并肩坐在一起，下车时，还送了科恩一块杭州织锦。科恩下车手持织锦并与庄则栋友好交谈的情景被众多记者抓拍，成为日本《读卖新闻》等报纸的头条，标题就叫"中美接近"。毛泽东主席以此为契机亲自推动邀请参加完世乒赛的美国乒乓球队访华。由此，中美两国终结了 20 多年彼此隔绝的局面。时任美国总统尼克松回忆说，从未料到对中国的主动行动会以乒乓球队访问北京的形式得到实现。

　　3 个月后，时任美国白宫国家安全顾问基辛格秘密访华。尼克松则在 1972 年 2 月正式访华，中美关系走向正常化。而在推动此事上发挥巨大作用的中美乒乓球队的一系列互访，被后世誉为"乒乓外交"。在"乒乓外交"的带动下，中国先后同 70 个国家建立外交关系。这一时期，体育在内聚民心、外展形象、促进和平、增进各国人民友谊等方面作出了特殊的贡献。

（二）架设新时期乒乓友谊桥梁

　　鉴于"乒乓外交"的重要历史意义和现实价值，中美两国曾多次举行相关纪念活动。2006 年，庆祝"乒乓外交"35 周年的"红杉树友谊之旅"在北京举行。美国乒乓球代表团一行 25 人，包括 1971 年到华访问的 6 名队员及已故队员科恩的母亲，与当年中国队的成员欢聚一堂。2008 年，在美国加州约巴林达市举行了为期 3 天的纪念活动，当年的中美乒乓球队代表团成员再度会面并进行了一场友谊赛。2011 年,中美乒乓外交 40 周年纪念活动在人民大会堂举行,时任国家副主席习近平和美国前总统卡特出席活动并致辞,还共同在中美"乒乓外交"40 周年纪念球拍上签名留念。

2021 年是中美乒乓外交 50 周年,时任国家副主席王岐山在纪念中美"乒乓外交"50 周年活动致辞时说,"乒乓外交"是中美关系史上一段佳话,"以小球推动大球",开启了中美关系正常化的历史性进程。

纪念中美乒乓外交 50 周年系列活动是在上海拉开序幕的,上海体育大学是这次活动的主要策划者和参与者。纪念这一段历史,是为了更好地传承尊重、友好、共赢的乒乓精神,助力两国人民向着更美好的明天出发。上海的纪念活动包括主题展、友谊赛、讲座、论坛等内容。最精彩的当属友谊赛,上海体育大学的 12 位同学和美国在沪的企业家、领馆官员、学校校长组成"一中一美"双打组合参赛,中美选手并肩作战,无论哪一队赢了,都是中美双赢。

图 1-7　乒乓球友谊赛

吴依蔓是 12 位同学之一,友谊赛中,她与美领馆的副领事 Vivian 女士组成了搭档。回想起这次比赛,她笑着说:"在最初简短而又拘谨的自我介绍后,我得知她从未接触过乒乓球,这时我心里凉了半截儿。刚开始啊,我俩连交流的次数都屈指可数,更别说是默契了。下场休息时,我拿出几天前我妈寄给我的清明饼来慰藉我疲惫的身心。当我正要吃的时候,却发现刚刚还在低头玩手机的 Vivian 直勾勾地盯着我手中那块散发诱人香气的绿色饼。她好奇地问:'What's this?'随后我掰了一半给她,开始向她介绍起了清明饼的由来。这块清明饼打开了我俩的话匣子,我们从清明节聊到中国文化,又聊到为什么中国乒乓球能长盛不衰。直到休息结束上场后,Vivian 还抓着我闲聊。神奇的是,我发现我俩慢慢融洽了起来——我们的脚不再打架,她接球也愈加顺利,我们的默契不断递进。这时,我们才想起应该为我俩的组合取个名字,就叫'Table Tennis Friends',乒乓朋友队。活动结束后,我俩还时常保持联络。Vivian 告诉我,现在她最常光顾的场所就是家附近的乒乓球馆,她还时常把乒乓球推荐给朋友呢。这次活动也得到了诸多媒体的报道,如新华网、人民网等,我也因此小小火了一把。我父母也感叹:'没想到从小陪伴你的乒乓球,除了能让你拿金牌,竟还能让你代表咱国人形象,在外交事业上贡献自己的力量!'"

作为一名乒乓球运动员,在以往的比赛中,乒乓球让吴依蔓同学感受到了奋勇拼搏、争取胜利、不轻易放弃的体育精神。而在这次特别的比赛中,她亲身体悟到了乒乓球作为联结世界人民的纽带,在促进各国交往中发挥着重要作用;乒乓球和运动员更是塑造国人形象、传播中国价值理念的重要载体。在这次与美方运动员交流的过程中,通过乒乓球、清明饼这些中国"名片",吴依蔓同学向美国友人展示了有理想、有本领、有担当的中国青年形象,也向世界传达了具有鲜明中国特色、中国风格、中国气派的大国形象,加深了他们对中国的友好认识。

活动结束后,时任美国驻上海总领事何乐进连用 3 个 great 表达了他的感受:说:"The ceremony is great, the exhibition is great, the competition is great!"

从中美"乒乓外交"实现历史的突破,到新时代助推中国特色大国外交,小小乒乓球见证了国际风云变幻,拥有改变世界、创造历史的巨大力量。新中国成立70 多年来,我国与 180 多个国家和地区建立了双边体育友好关系,与 100 多个国家签署了双边体育合作协议,与国际奥委会、亚奥理事会以及各国际单项体育组织的关系日益密切,在国际体育事务中的话语权显著提升。体育是人类共通的语言,围绕服务中国特色大国外交,体育日益彰显出强大的生机与活力。

三、传承国乒荣耀,加快推进体育强国建设

党的十八大以来,习近平总书记站在国家强盛、民族复兴的战略高度,对体育工作作出一系列重要指示批示,对新时代中国特色社会主义体育发展的功能定位、基本方针、目标任务、实践要求作出重要论述。习近平总书记强调:"体育承载

着国家强盛、民族振兴的梦想。"①"体育是提高人民健康水平的重要途径,是满足人民群众对美好生活向往、促进人的全面发展的重要手段,是促进经济社会发展的重要动力,是展示国家文化软实力的重要平台。"②

习近平总书记关于体育的重要论述立意高远、内涵丰富、思想深刻、要求明确,全面深化了对体育的基本认识,深刻揭示了当代中国体育发展规律,是指导体育强国建设改革发展的系统、科学、完整的理论体系,是习近平新时代中国特色社会主义思想的重要组成部分,是中国体育改革发展的根本遵循和行动指南。

作为拥有广大群众基础和良好竞技水平的国球,乒乓球理应发挥更大的积极作用,为建设体育强国添砖加瓦。对标习近平总书记关于体育的重要论述、党的二十大报告和《体育强国建设纲要》,要着重从 5 个方面发力。

(一) 以乒乓球运动促进全民健身,助力健康中国建设

乒乓球是一项老少皆宜、技巧性强的运动,运动量可大可小。长期进行乒乓球运动,既能缓解压力、提高专注度、促进身体协调,又能锤炼意志品质、推动人际交往,不断提高身心健康水平和学习工作效率。尤其是,乒乓球对于儿童青少年预防和控制近视有着积极的作用。

近年来,青少年近视发病率一直居高不下。根据国家卫生健康委统计数据,2020 年我国儿童青少年总体近视率为 52.7%,其中 6 岁儿童为 14.3%,小学生为 35.6%,初中生为 71.1%,高中生为 80.5%,较 2019 年上升 2.5%。我国青少年近视人口与近视率高居世界第一。此外,青少年近视情况呈明显的低龄化、重度化趋势,已严重影响儿童青少年的身心健康。

造成近视的重要原因是眼睛疲劳,长期近距离看事物,晶状体总是处在高度调节状态,同时,看近处物体时,两眼球会聚向鼻根方向,使眼外肌肉压迫眼球,久而久之就造成近视。打乒乓球时,双眼以球为目标,不停地上下调节运动,可以改善睫状肌的紧张状态,使其放松和收缩;眼外肌也可以不断活动,促进眼球组织的血液循环,提高眼睛视敏度,消除眼睛疲劳,从而起到预防近视和控制近视加重的作用。

事实上,所有球类运动对预防和控制近视都有积极的作用,比如羽毛球、篮

---

① 习近平会见全国体育先进单位和先进个人代表等[EB/OL].(2017 - 08 - 27).https://www.gov.cn/xinwen/2017-08/27/content_5220823.htm.
② 习近平.在教育文化卫生体育领域专家代表座谈会上的讲话[M].北京:人民出版社,2020:11.

球、足球等。因此,要按照党的二十大提出的到 2035 年基本实现社会主义现代化的目标任务,进一步完善公共服务设施和服务体系,鼓励社会力量投入建设,广泛开展乒乓球等运动,助力人民群众健康关口前移。

(二) 以乒乓球运动促进竞技体育发展,增强为国争光能力

我们国家的乒乓球运动为什么能够长盛不衰? 中国乒乓球学院院长,曾任国际乒联副主席、中国乒乓球女队总教练的施之皓认为,我国乒乓球队长盛不衰的成功经验是多方面的,主要体现在 4 个方面。一是注重研究规律和创新打法。在进行技术训练时,中国队紧紧抓住"从实战出发"这一核心环节,主动适应国际规则的变化。为增加训练的难度和强度,大赛前都进行针对性很强的模拟训练及男帮女训练,使主力队员每次训练都能与"外国强手"较量。中国队敢于不断创新打法,在技术打法上做到了"外国有的我们有,外国没有的我们也有"。二是注重文化育人和管理育人。每当一批新队员进入国家队,都要请老领导、老教练讲述乒乓球队的光荣历史,讲述中央领导对乒乓球队的关怀和指示。乒乓健儿的理想和目标高度一致,坚定不移,"胸怀祖国,放眼世界""祖国荣誉高于一切"是中国乒乓球队代代相传的响亮口号和行动指南。另外,中国乒乓球队坚持严格管理,制定了有关训练、比赛和生活方面的一整套规章制度,奖罚分明。乒乓球队的教练员不仅教运动员如何打好球,还教他们如何为人处世。三是注重建设后备队伍。中国乒乓球队之所以能做到新人辈出,人才源源不断,是由于实施了可持续发展战略,在全力抓好一线队伍的同时,花大力气抓二线、三线队伍建设,采取了一系列有力的措施,扎扎实实培养后备人才。四是注重发挥举国体制的优势。一方面,作为我国的国球,国家给予了乒乓球运动极大的支持和保障。另一方面,充分调动各地区各行各业的积极性,吸引更多的社会力量,支持乒乓球事业的发展,逐步形成了国家办与社会办相结合的良好局面。

我们要进一步总结好、继承好、发扬好中国乒乓球队的成功经验,尤其是加快完善举国体制与市场机制相结合的发展模式,坚持开放办体育,完善国家办与社会办相结合的管理体制和运行机制,加强乒乓球后备人才培养,包括运动员、教练员、裁判员以及科研、医疗等支撑人才培养。

中国乒乓球学院就是一个典型的案例。2010 年,国家体育总局和上海市人民政府在上海体育大学共建中国乒乓球学院。这是目前全球唯一专门培养乒乓

球人才的高等学府,也是国际乒联最高等级的培训基地。经过 10 多年的探索,中国乒乓球学院着力推进"体教融合"改革实践,为国家体育改革、教育综合改革探路,初步建立了"教学—训练—科研—文化传播"贯通式枢纽型发展模式;建立覆盖高等教育全流程的乒乓球运动人才培养体系,成为国内唯一涵盖本科、硕士、博士全部高等教育领域的运动项目学院;在全国率先研发推出青少年乒乓球运动技能等级标准,在传统的等级运动员序列之外创新开辟包含青少年在内的社会公众皆可参与的评价体系,初步破解我国运动项目基础人群扩展不足和教育综合改革中体育素养评价难的问题。接下来,中国乒乓球学院将积极发挥优势,联动更多中小学资源,形成大中小一体贯通的乒乓球后备人才培养模式,努力培养既能读好书、又能打好球的乒乓球人才。同时,积极统筹国际国内体育科技资源,加强科研攻关、科技服务和医疗保障工作,努力成为世界一流的"训、科、医、教、服"一体化人才培养基地。

(三) 以乒乓球运动促进体育产业升级,培育经济发展新动能

随着我国经济的快速发展和大众对健康的日益关注,乒乓球爱好者数量增长迅速,各种年龄段的乒乓球培训日趋活跃。约上一二好友一起打乒乓成为很多人的日常休闲方式,乒乓球场馆经常一桌难求,有些爱好者还在家里支起一张球桌方便随时打一场。同时,世乒赛等顶级赛事溢出效应显著,对举办地市民的参与热情,以及文化、旅游等事业和产业发展带动明显。

2022 年 9 月 30 日至 10 月 9 日,第 56 届国际乒联世界乒乓球团体锦标赛(决赛)在成都举行,这是继北京、天津、上海、广州、苏州世乒赛之后,世乒赛第六次落户中国,也是继 2022 北京冬奥会和冬残奥会之后,在中国举行的又一项国际顶级赛事,吸引了来自 36 个国家和地区的 60 支运动队参赛。成都世乒赛团体赛开战后,整座城市也进入了"乒乓时间"。恰逢国庆假期,乒乓热在成都大街小巷迅速升温。路边公园、社区运动空间、体育馆、小区内,随处可见打乒乓球的市民,击球的响声在各处回荡。"乒世界,品成都",是本届世乒赛的口号,既突出了成都对乒乓球运动的热爱,也表达了国际乒联希望与主办城市深度交流的意愿。世乒赛"城市文化交流活动"区域内的官方特许商品零售店里,带有浓厚的成都文化印记的"蓉宝"玩偶、冰箱贴、书签、纪念 T 恤、城市特色邮票等文创纪念品,受到各国代表团成员的欢迎。不少选手在离蓉时都挑选了心仪的小礼品,把成都记忆分享给家人朋友。在"世乒村",变脸、汉服、器乐等文化展演,以及剪纸、蜀绣、绵竹等中国文化体验项目,让参赛的代表队近距离了解、贴近成都。此外,融入了成都地标建筑天府国际金融中心双塔、金沙遗址太阳神鸟元素、成都市花芙蓉花的会徽以及融入大熊猫元素的奖牌,赛后也成了世界体坛的重要文化遗产。

尽管如此,对比中国巨大的人口规模和现实需求,乒乓球发展的市场化程度还不够高,消费市场有待进一步开发,市场主体作用有待进一步发挥。为更好培育市场、激发消费潜力,需要从上游制造和下游体验两个层面进一步完善乒乓球产业链条。一是加速推动乒乓球装备制造企业转型升级,加大自主研发和科技成果转化力度,开发乒乓球机器人等科技含量高、拥有自主知识产权的产品。二是充分利用互联网、大数据、人工智能等大力开展智慧场馆和数字平台建设,提升市民的消费体验。三是积极打造各类群众性赛事,带动乒乓球装备、器材、培训等消费,增强消费黏性。积极主办世乒赛等顶级赛事,以顶级赛事聚集人气,激发溢出效应,推动体育与旅游、休闲、文化等产业融合发展,助力体育产业成为国民经济的支柱性产业。此外,通过产教融合、校企合作等,加强相关产业人才培养,包括赛事组织推广、场馆运营管理、衍生品开发销售等,为乒乓球产业乃至整个体育产业发展注入新动能。

(四) 以乒乓球运动促进体育文化繁荣,弘扬中华体育精神

中国乒乓球事业卓越成就的取得,并不是轻而易举的,也不是理所应当的,而是一代代中国乒乓人勤于探索、勇于拼搏的结果。在这个过程中,中国乒乓球事业不仅收获了辉煌的成绩,更塑造了一笔宝贵的无形财富——乒乓精神。

1981 年 5 月,北京召开欢迎大会,迎接从第 36 届世乒赛凯旋的中国乒乓球队,时任国务院副总理万里同志代表党中央、国务院表彰了中国乒乓球队具有“胸怀祖国、放眼世界、为国争光的精神;发愤图强、自力更生、艰苦奋斗的实干精神;不屈不挠、勤学苦练、不断钻研、不断创新的精神;同心同德、团结战斗的集体主义精神;胜不骄、败不馁的革命乐观主义和革命英雄主义精神”。万里同志还把以上概括为“乒乓精神”。此后,中国乒乓精神随着时代的发展内涵不断丰富,一代代乒乓健儿将爱国情怀、集体观念、拼搏精神、创新思维、忧患意识不断地发扬光大,为中国乒乓球运动长盛不衰提供了强大的思想保证和精神动力。

2023 年春节期间,有一部体育主题电影备受关注,那就是《中国乒乓之绝地反击》。这部电影是根据真实历史改编的。20 世纪 90 年代初,中国乒乓男队处

于低谷时期,在国家体委和徐寅生、李富荣等老一代乒乓人的支持下,蔡振华放弃海外优厚待遇,临危受命回国担任中国男队主教练,带领王涛、马文革、丁松、刘国梁、孔令辉"五虎将",经过一段时间的苦练,终于在 1995 年天津世乒赛上绝地反击、重回巅峰。《中国乒乓之绝地反击》不仅聚焦球员,也把镜头对准了不同层级的管理者和默默无闻的后勤工作者,以及那些为了团队荣誉付出青春却从未有机会参加国际赛事的"无名"运动员。所有队员淡化个人得失,心甘情愿为团队贡献力量,他们深知:国乒男队是一个集体,集体利益高于一切。"别人可能练了一千次,而我们却练了一万次。"百折不挠的乒乓精神,激励着无数国人砥砺奋进,勇往直前。

乒乓精神是中华体育精神的重要组成部分,是中华优秀传统文化的重要价值体现,是中华民族伟大复兴的重要精神力量。新时代,以乒乓球运动促进体育文化繁荣发展,需要我们进一步挖掘乒乓球运动项目特色,用好乒乓球博物馆等阵地,办好各类讲座和研讨,办好各类巡展和个展,办好常态化群众性乒乓球活动;需要我们编创更多文学、戏剧、影视作品,讲好运动员奋力拼搏的故事,讲好普通人享受美好生活的故事,在国际国内舞台上发出我们时代的、响亮的声音,凝聚起加快建设体育强国、实现中华民族伟大复兴的强大精神力量。

(五) 以乒乓球运动促进对外合作交流,服务中国特色大国外交

巴布亚新几内亚是南太平洋地区人口最多、面积最大的岛国,1976 年与我国正式建立外交关系,两国有着悠久的传统友谊。2018 年是两国合作再上台阶的关键之年。2018 年 6 月,巴布亚新几内亚总理奥尼尔访华,同我国签署共建"一带一路"合作谅解备忘录,成为首个同我国签订这一备忘录的太平洋岛国。2018 年 11 月,习近平主席对巴布亚新几内亚进行国事访问并出席 APEC 会议,其间,视察了上海体育大学中国乒乓球学院巴布亚新几内亚培训中心,饶有兴趣地观看了上海体育大学教师施之皓、张怡宁指导巴新运动员训练的情况,指出体育人文交流很重要,学校要帮助巴布亚新几内亚提高乒乓球水平,做两国人民的友好使者。

上海体育大学认真贯彻落实习近平主席的指示精神,给巴布亚新几内亚送去了球桌、挡板、地胶等各类器材,建立了"中国教练员到巴新、巴新运动员到上海"的培训机制,制定培训计划,不断提升巴新运动员的心理素质和实战能力,提振竞技状态和精神面貌。为增进文化交流,学校为每位巴布亚新几内亚来校培训生配备了志愿者,训练之余安排了学说中文、剪纸、书法等我国传统文化体验活动,进

图 1 - 8　冯喆教练带领巴新国家队取得男双银牌

一步领略我国的风土人情。经过系列培训,在 2019 年 7 月举办的太平洋运动会上,我校金牌教练冯喆带领巴布亚新几内亚国家队取得男双、残疾人男单两枚银牌,创造该国历史最好成绩;女双、混双均获得第四名,实现该国女子乒乓球零的突破、历史性的突破。

两枚银牌其中一枚的获得者叫杰弗里·罗伊。他在 2018 年习近平主席访问巴新时,代表巴布亚新几内亚乒乓球队向习近平主席赠送了纪念球拍。杰弗里·罗伊的父亲瑞亚·罗伊是曾经的巴布亚新几内亚乒乓全国冠军,小罗伊最大的梦想就是代表巴布亚新几内亚乒乓球队参加世界大赛,超越他的父亲。

中央电视台的记者专程去过罗伊的家,了解了这一家人的传奇故事。距离首都莫尔斯比港 26 公里的吐布瑟利亚村,是罗伊家族世代居住的地方。父亲瑞亚已经 50 多岁了,他有 8 个兄弟,全都是乒乓球超级爱好者。瑞亚的大哥,小罗伊的大伯,还是把乒乓球引进巴布亚新几内亚的第一人。1987 年,瑞亚成为巴新全国冠军,他的儿女们、侄子侄女们也跟随他的脚步拿起了乒乓球拍。可以说,乒乓球改变了罗伊一家的命运!

小罗伊是幸运的,在上海体育大学陈彬老师、冯喆老师的悉心培养下,他在太平洋运动会上获得了男子双打的银牌,取得了巴布亚新几内亚在国际赛场上的最好成绩,超越了他的父亲。他难掩激动的心情,赛后就写信给习近平主席,衷心感谢习近平主席支持巴新乒乓球事业发展。

没想到,2019年国庆前夕,习近平主席给罗伊回信了。习主席在信中愉快地回忆了他访问巴布亚新几内亚时观看罗伊和队友训练的情景,祝贺罗伊和巴布亚新几内亚乒乓球队在太平洋运动会上取得好成绩,祝愿罗伊和巴布亚新几内亚乒乓球队再创佳绩,并鼓励两国青年为深化中国和巴布亚新几内亚友好关系作出积极贡献。小罗伊收到回信后说,他的中文不好,但是会永远记住一句话:"谢谢上体,谢谢上海,谢谢中国!"

图 1 – 9 《人民日报》刊登习近平给巴布亚新几内亚乒乓球运动员复信

国之交在于民相亲,民相亲在于心相通。上海体育大学中国乒乓球学院巴布亚新几内亚培训中心只是我国体育人文交流的一个缩影,习近平总书记多次强调要大力开展体育人文交流,让世界人民分享我们体育发展的成果。体育具有世界性的凝聚力,能够跨越语言、文化和种族,是国际人文交流的重要组成部分,也是推进"一带一路"建设的有力抓手。在新时代,我们要把体育融入"一带一路"建设,在服务大国外交、构建人类命运共同体的进程中更好地凸显体育的力量!

当我们回首中国乒乓的奋进之路,展望体育强国的壮丽蓝图,油然而生的是与国家共命运、与时代同呼吸的深厚情感。从以上的讲解中我们可以得到三点结论。第一,无论时代洪流如何滚滚向前,个人命运、体育命运与国家命运始终紧密相连,体育强则中国强,国运兴则体育兴!第二,无论世界风云如何变幻,体育始终是人类共同的语言。在第二个百年新征程中,广泛开展体育人文交流,是发挥体育外交价值,拓宽"一带一路"实践,构建人类命运共同体的重要抓手。第三,无论过程如何困难曲折,我们始终要勇挑兴体报国的使命担当,身心一统,兼蓄竞攀。

党的二十大报告明确指出:"从现在起,中国共产党的中心任务就是团结带领全国各族人民全面建成社会主义现代化强国、实现第二个百年奋斗目标,以中国式现代化全面推进中华民族伟大复兴。"体育强国的目标,正是要将体育建设成为中华民族伟大复兴的标志性事业。一代青年有一代青年的历史机遇,当代青年是与新时代同向同行、共同前进的一代。大家要肩负历史使命,坚定前进信心,立大志、明大德、成大才、担大任,努力成为堪当民族复兴和体育强国建设重任的时代新人,让青春在为祖国、为民族、为人民、为人类的不懈奋斗中绽放绚丽之花。

(李 鲎 夏铭娜)

思考题

1. 为什么世界人民认可中国乒乓这张体育名片?

2. 从我国乒乓球运动发展的启示中,我们在体育强国建设的征程上可以有哪些作为?

参考文献:

[1] 国家体育总局编写组.深入学习习近平关于体育的重要论述[M].北京:人民出版社,2022.

[2] 徐寅生.我与乒乓球——徐寅生自传[M].北京:中国社会科学出版社,1995.

[3] 金大陆,吴四海.国球之"摇篮"上海乒乓名将访谈录[M].上海:复旦大学出版社,2020.

第二章　中国乒乓与国家战略

导语

2017 年 8 月 27 日,习近平总书记会见全国群众体育先进单位、先进个人代表时强调,体育承载着国家强盛、民族振兴的梦想,体育强则中国强,国运兴则体育兴。要把发展体育工作摆上重要议事日程,精心策划,狠抓落实,不断开创我国体育事业发展新局面,加快把我国建设成为体育强国,要落实全民健身国家战略,不断提高人民健康水平。党的十八大以来,党和国家对全民健身和健康体育的反复强调和政策部署表明,体育及其精神的社会性成为关注重点。我国"以人为本""为人民服务"的思想已经全面贯穿在体育工作中。我国体育事业已经进入与人民群众健康和幸福生活紧密相连的新时代,科学、更富于人文关怀的新的体育战略正深刻影响着我国体育发展的格局和前景,体育事业发展的辉煌成果将以更全面、更均衡、更合理的方式惠及每一个国人。

中华人民共和国成立至今,基于国家发展大局及主要任务和目标的调整要求,国家先后出台了不同阶段的体育发展战略,既增强了体育复合功能,又充分发挥了体育多维效用。通过打造体育名片效应,凝心聚力,强化民族精神,展示中国形象,赢得了国际认同,也实现了对中国国民性的塑造。从"发展体育运动,增强人民体质"的号召,到"金牌战略""健康中国"及"体育强国"等战略的变迁与演进,可以清晰地看到国家重视以人民为中心的科学发展,需要培养健康、自由而全面发展的人,体育是育人载体,是交流桥梁,体育大发展也是国家繁荣昌盛的基本要求。中国乒乓球运动的兴盛与发展,是特殊国情、国际环境、国家战略和人民选择等历史合力作用的结果。

中华人民共和国成立以来,我国体育事业的发展经历了人民体育、金牌战略、体育强国与健康中国战略等发展阶段。在我国体育发展的历史中,乒乓球项目在很长一段时间内一直是体育领域标志性的存在,是最有群众基础的运动项目之一。乒乓球被誉为国球。19世纪末起源于英国的乒乓球为什么能成为中国的国球?乒乓球运动的发展与我们的国家战略有什么关系?其作用、规律和意义又是什么?下面我们一起回顾历史,分析原因。

20世纪初,英、法等西方列强纷纷侵入上海、天津、青岛、广州和香港等我国沿海城市,也带来了西方的娱乐方式,乒乓球是其中的一种。1904年前后,乒乓球传入中国。当时,上海四马路大新街文具店老板王道平到日本去采购,看到日本人正在进行一场乒乓球赛,觉得这个活动非常有趣,又不需要很大的场地,于是他就采购了10套乒乓器具回国,并亲自在店中打球做表演。之后,乒乓球逐渐地在上海、广州、北京、天津等几个大城市流行起来。1927年和1930年,中国正式派出乒乓球选手参加第8届、第9届远东运动会乒乓球赛,但因球技落后,团体和个人赛均告失败。直到1935年,中华全国乒乓球协会在上海成立,乒乓球在我国才开始被列为正式的体育比赛项目。

在众多体育项目中,乒乓球运动之所以能在中国快速发展普及,与中国的现实国情、传统文化、基础条件、乒乓球自身的特点息息相关。

第一,乒乓球运动对场地等物质条件要求不高,参与性强。相比足球、篮球以及高尔夫这样的运动,乒乓球运动所需设备简单,占地不大,男女老少皆宜,非常适合中国人口基数大、人均资源不足的物质经济条件,是低投入、高回报、可以普及的大众体育运动项目。

图 2-1　群众开展乒乓球运动

第二，乒乓球项目对于身体素质的要求和其他运动项目有所不同，并不是依靠速度和力量就能取胜。亚洲人的骨骼灵活，身体结构较适合一些灵巧的小球运动，乒乓球刚好就是这种高度协调性、微爆发性的运动。此外，乒乓球运动是一项全身运动，速度快，变化多，要求练习者在短时间内对瞬息万变的击球有较强的应变能力，健体健脑又健心。乒乓球运动量可大可小，不同年龄、性别和身体条件的人都可以参加，受众群体基本可以全覆盖，即便是运动员天赋一般，只要勤奋练习，也有可能成为出色的乒乓球员。这种优势和特点，使乒乓球相比于其他运动更容易普及。

第三，乒乓球运动本身变化多、娱乐性强，是一项集健身性、竞技性和娱乐性为一体的运动。乒乓球项目有单打、双打、团体项目，可以培养独立思考、单独作战能力及集体主义精神。乒乓球打法多样，对技术和战术要求很高，是技巧和智慧的象征。中国自古以来不提倡蛮力，崇尚技巧和智慧，乒乓球非常适合中国人的民族性格。乒乓球中的旋球、削球、摆短、拧拉等各种深浅节奏，也十分切合亚洲人的含蓄内敛的打法。因此，乒乓球运动大受欢迎，在中国得以快速普及。

第四，乒乓球运动员为中国赢得过巨大的荣誉，给予人民精神力量，为世界和平做出过贡献。小球推动大球的"乒乓外交"使人们认识到体育运动交流的重要价值，人民之间的友谊通过小小银球能够改变世界、创造历史。因此，无论官方、民间都认同其价值，美誉度极高。中国乒乓球队是世界乒坛领头羊，纵横各大赛场、揽获众多金牌，是中华民族精神和时代精神的典型代表。

乒乓球运动拥有广泛的参与热情、普及的大众群体、高超的竞技水平，以及承载厚重国家精神和强烈文化自信，这些使乒乓球成为当之无愧的中国国球。那么，乒乓球运动发展与中国国家战略变迁之间有什么关系？乒乓球运动的重要价值和意义在不同时期又有什么不同体现？下面我们一起来解读乒乓球运动发展与中国国家战略之间的奥秘。

一、新中国成立后的人民体育

中华人民共和国的成立是中国现代体育事业发展的重大转折点。当时民生凋敝、百废待兴、经济拮据，面临国外敌对势力的威胁，新政权急需大批强有力的国家建设者和保卫者。因此,改革开放前我国的体育战略和政策带有浓厚的政治色彩,"体育为国争光""体育为国防服务,保卫祖国"是这一时期我国体育发展的主要口号。[①] 从1949年到1957年7月间所制定的18项体育政策法规中有关群众体育的就有12项。第一代领导集体非常关心体育事业的发展,高度重视人民身体素质的提升。1952年,为祝贺中华全国体育总会成立,毛泽东同志题词"发展体育运动,增强人民体质",刘少奇同志题词"开展体育运动,增强人民体质,为社会主义建设服务"。1952年5月,中华全国体育总会筹备委员会向社会公布了《〈准备劳动与保卫祖国〉体育制度试行条例(草案)》《〈准备劳动与保卫祖国〉体育制度试行项目标准(草案)》以及《〈准备劳动与保卫祖国〉体育制度试行项目测验规则(草案)》。1953年在广州创办了军事体育学校,专门为部队培养体育干部。与此同时开始试行"准备劳动与卫国体育制度",并在华北军区和华东军区试点,然后逐步在全军推广。[②]

(一) 50年代乒乓球运动发展

在1952年,国际乒乓球联合会邀请中国代表队加入,成为新中国走出国门的开端。1953年,我国派遣体育队参加了在罗马尼亚举行的第20届世界乒乓球锦标赛,并出席了国际乒乓球联合会年会、国际足球联合会代表大会及国际排球联合会的年会。国际乒乓球体育活动扩大了中国的政治影响,促进了中外人民及运动员之间的了解与友谊。

1953年底,国家体委党组提出开展基层单位的运动竞赛,逐步提高我国在国际体育中地位。1954年1月8日,中共中央批转中央人民政府体育运动委员会党组《关于加强人民体育运动工作的报告》指出,改善人民的健康状况,增强人民体质,是党的一项重要政治任务。1954年1月16日,中央人民政府体委主任贺龙在中央人民政府体委会上作的1953年体育工作总结报告《在总路线的照耀下,为开展群众性的体育运动而奋斗》中提到,我国群众性的体育运动已经有了比较广泛的开展,对改进人民的健康也开始显示它的作用。1955年1月6日,国家体委副主任蔡树藩在全国体育工作会议上作的1954年体育工作总结和1955年工作任务的报告《把我国人民体育事业继续向前推进》明确了促进我国群众性体育

---

① 林少峰.从断裂到协调——中国群众体育与竞技体育政策的演进[J].安徽科技学院学报,2006(01):60.
② 谭华.体育史[M].北京:高等教育出版社,2005:398.

运动在全国范围内进一步发展的强烈意愿。1956 年 1 月 16—26 日,国家体委在北京召开全国体育工作会议。会议着重讨论了多快好省地发展体育运动问题,确定 1956 年加速开展群众性的体育运动、在广泛的群众运动的基础上努力提高运动技术的方针,争取两三年内在若干项目上分别接近或赶上世界水平。1958 年是我国第二个五年计划的第一年。1958 年 3 月国家体委出台的《体育运动十年发展纲要》把目标设定为:10 年内达劳卫制标准 4 000 万人,达等级运动员标准 800 万人,运动健将达到 5 000 个。9 月,中央批转国家体委党组《关于体育运动十年规划的报告》。报告指出,体育运动的根本任务是增强人民体质,为劳动生产和国防建设服务。根据这一任务,当时的体育运动方针是:适应生产大跃进中广大劳动人民对增强体质的需求,大力开展群众性的体育运动,在体育运动广泛开展的基础上,提高技术水平,不断地创造新纪录。同年 10 月,经国务院批准,中华人民共和国体育运动委员会发布了《劳动卫国体育制度条例》(1964 年改称《青少年体育锻炼标准》,1975 年又改称《国家体育锻炼标准》,并一直沿用至今)。

可以看到,这一时期把体育运动上升到了国家事业的战略高度,增强群众体质已成为党的一项重要政治任务。在此背景下,全民健身热潮开始兴起,运动器材设备简单,健身、娱乐、趣味性强的乒乓球运动也受到了人们的青睐。这种现象的背后是全体人民精神焕发、斗志昂扬的精神面貌,是一个民族告别积贫积弱、落后挨打的苦难历史之后重获新生的巨大喜悦和再次点燃民族希望的责任意识。

1959 年 4 月,中央批转国家体委党组《关于 1959 年体育工作几个问题的报告》中提到,为了保证开好全国运动会,进一步推动和指导群众业余体育运动的开展,今年必须加强少数优秀运动队伍的训练和整顿工作,并广泛开展群众业余体育运动。统筹兼顾的政策设定致力于从体制机制上保证竞技体育和群众体育均衡发展的基本路向。

(二) 60 年代乒乓球运动发展

1960 年 1 月,胡耀邦同志在共青团中央军体工作会议上的讲话提到一个重要观点:民兵工作、体育工作和青年团工作有着密切关系。这是一次高度重视体育运动的组织动员。

图 2－2　1959 年,第一届全运会乒乓球裁判员合影

　　1962 年 3 月,为抑制各地疯狂地举办大型乒乓球比赛,使群众把更多的注意力转移到生产发展上,国家体委指出:体育事业发展的规模和速度必须与经济建设相适应,不能超越生产水平所许可的限度,必须根据人民生产和生活情况不断加以调整。其中明确提出要把乒乓球建成符合国情的具有中国体育特色的代表性项目,构建有利于社会主义建设的乒乓球精神。1962 年 3 月,体育工作会议报告总结了 1961 年我国体育取得的伟大成绩,也指出工作中存在的一些缺点与不足。强调在运动训练中必须贯彻百花齐放、百家争鸣的方针,培养各种流派、风格,提倡不同技术观点的自由辩论,以促进运动技术的发展和训练方法的不断改进。中国乒乓球队在第 26 届世乒赛中取得重大胜利的经验之一,就是注意了培养各种打法,提倡风格多样化。各个项目都应在总结自己经验的基础上汲取百家之长,大胆进行技术革新和风格独创,形成更先进的技术、更科学的训练方法。

　　中国进入大规模的社会主义建设时期,体育事业的蓬勃发展也与国家战略部署密切相关。1963 年前后,在总结正反两方面经验的基础上,国家相关部门提出了一系列适合中国体育发展的方针和政策。如,在运动训练方面,颁布了《运动队伍工作条例》《运动队伍思想政治工作条例》等,明确了坚持思想领先、以训练为中心的原则。[①] 这些政策的出台和完善为统一思想、规范管理起到了积极的促进作用。在全国上下高度关注中,体育事业获得了很大发展,也因此奠定了我国进入亚洲体育强国行列的基础。

1964 年 4 月,国家体委召开工作会议讨论并部署了 1964 年的体育工作,其中着重研究了思想政治工作、群众体育工作和训练工作等 3 个方面。1966 年 5月,国家体委党组工作会议一致认为,1965 年的体育工作是大踏步前进的一年,同时,也对体育竞赛中发生的一些锦标主义现象,特别是弄虚作假的严重问题,进行了严肃的检查和批判。这一时期,从宏观政策、社会动员和细节管理等层面,都可以看到国家较为清晰贯通的统筹规划与执行效率,体现了社会主义国家集中力量办大事的优势与特点。

聚焦乒乓球运动发展,20 世纪 60 年代是中国乒乓球的一个大飞跃时期。1961 年前,为了迎接第 26 届世乒赛在北京的举行,全国多地举行乒乓球活动,上海市各报社和电台联合举办了百万人乒乓球竞赛,学校、街道、工厂随处可见参与乒乓球运动的人群。1961 年 4 月 9 日,在新落成的北京工人体育馆内,容国团力克强敌,帮助中国男乒夺得第 26 届世乒赛团体冠军。上场前曾有队友问容国团:"下一场怎么打?"容国团说:"人生能有几回搏,此时不搏,更待何时!"这句话也从此成为一个奋勇拼搏时代的响亮口号,给各行各业艰苦奋斗的中国人带来巨大的鼓舞,激励无数人迎难而上,勇敢前行。全民乒乓球运动热情在容国团获得世界冠军的激励下猛然高涨。第 26 届世乒赛上,中国乒乓球队不负众望,获 3 项冠军,距 1959 年中国首个世界冠军仅隔 2 年。之后,在 1963、1965 年的第 27、28 届的世乒赛上,中国队分获 3、4 项冠军。世界大赛冠军不断地涌现在很大程度上持续激励着群众参与乒乓球运动的热情,参与者数量急剧增加,而当时我国正处于困难时期,世乒赛的胜利激起了全国人民战胜灾难的信心和民族自豪感,也使广大群众对于小小银球的热情度达到了"沸点",乒乓球成为中国当之无愧的"国球"。

---

① 郭春玲,张彩红.我国体育立法回顾与述评[J].西安体育学院学报,2008(03):12-15,30.

图 2‐3　1963 年第 27 届世乒赛，中国队获得男子团体冠军，
日本队获得亚军，德国队和瑞典队并列季军

（三）70 年代乒乓球运动发展

　　1971 年，政治局势已经相对稳定，毛泽东主席、周恩来总理决定派队参加在日本举行的第 31 届世乒赛，并决定邀请美国乒乓球队访华。这一行动打开了中美关闭了 20 多年的大门，成为中美两国建交的起点。在此背景下，群众体育活动开始逐渐恢复。1974 年 2 月，国务院批转国家体委《国家体育锻炼标

图 2‐4　乒乓外交

准条例(草案)》在全国试点公布施行。1975 年 4 月,在总结各地的试行经验后,国家体委重新修订了《国家体育锻炼标准条例》,并经国务院批准后在全国正式公布施行。与此同时,国际体育活动也在积极地有步骤地开展。1973 年,中国乒乓球队在第 32 届世乒赛上获得 3 项冠军。1975 年,在第 33 届世乒赛上,中国男队在男团决赛中以 5∶3 战胜南斯拉夫队,夺回了斯韦思林杯;中国女乒也在女团决赛中力克老对手韩国队,捧回了阔别十年之久的考比伦杯。

1976 年之后,伴随"文化大革命"的结束以及十一届三中全会的召开,中国各项事业开始逐渐走上正轨,我国的体育事业也在此阶段大跨步地向前发展。进入新时期后,体育发展战略问题得到高度重视。1978 年、1979 年、1980 年连续 3 年的全国体育工作会议,都对新时期体育发展战略问题进行了重点讨论,并提出了新时期体育事业发展的目标、政策、措施和战略思想。

第一,对新中国成立以后近 30 年的体育工作进行了认真反思和总结,从宏观层面提高了对体育事业的认识,并提出了指导以后体育工作的 6 个方面的基本经验,即要正确处理体育与政治、体育与经济、普及与提高、学习与创新 4 个方面的关系,要充分运用竞赛推动体育运动的发展,要在党的领导下依靠群众办体育。

第二,进一步广泛开展群众性体育活动。国家体委提出要大力开展各种群众体育活动,工农商学兵的体育活动都要有新的发展。重点抓好关系两亿青少年学生健康的学校体育。军事体育活动要在现有的基础上,积极、有步骤地开展,扎扎实实抓好普及工作。

第三,要尽快提高我国的竞技体育水平。"文化大革命"结束后,我国的运动技术水平落后已成为中国体育走向世界的主要障碍,多数项目与世界先进水平的差距很大,不少项目达不到奥运会报名标准,有的甚至还冲不出亚洲。因此,国家体委提出了"省一级以上体委在普及与提高相结合的前提下侧重抓提高"的部署,提出了我国竞技体育的发展目标,即"近期要在 1980 年奥运会上进入总分前 10 名,在 1984 年奥运会上进入总分前 6 名,在 80 年代根本改变我国运动技术水平的落后状况,使我国体育在全世界大放异彩,本世纪内要拥有世界第一流的体育队伍、世界第一流的运动技术水平、现代化的体育设施,成为世界上体育最发达的国家之一"。

为了实现这个目标,国家体委提出要统筹安排,突出重点,调整好项目的重点布局,集中力量把奥运会和有重大国际比赛的若干项目搞上去,并为此采取了有效措施。由于奥运会是世界上规模和影响最大的综合运动会,与奥运会项目对口并突出重点,成为体育界调整项目设置时必须考虑的首要原则。早在20世纪50年代末和60年代初,我国曾确定以10个优势和影响较大的项目作为发展重点。1979年,根据我国恢复在国际奥委会合法席位后的新形势,提出了集中力量尽快把若干项目搞上去的目标,根据奥运会的项目设置和金牌分布,将当时技术水平较高、在国内受到群众广泛喜爱和国际影响较大的乒乓球、羽毛球、田径、游泳、跳水、体操、举重、足球、篮球、排球、射击、射箭、速度滑冰共13个项目列为重点。与此同时,按照全国一盘棋的精神,组成代表国家最高水平的常设国家队,并对承担重点布局项目任务的省、市、自治区体委,解放军和体育学院,从1980年起按每4年为一个周期,订出赶超世界先进水平的指标。国家和地方根据能力,在参加国内外比赛、技术资料、经费、器材设备等方面给予资金和技术支持。以上方针与措施的制定与实施,是新时期中国体育发展的一项重大政策性举措,改变了过去力量分散、重点不突出的局面,为此后中国参加洛杉矶奥运会等重大赛事奠定了基础。

(四) 80 年代乒乓球运动发展

党的十一届三中全会以来,体育事业在调整和恢复的基础上,1981年、1982年有了新的发展和重大突破,体育战线开始出现新的局面。群众体育活跃的程度是新中国成立以来少有的,城市体育发展较快,学校体育状况有明显改善,城乡约有3亿人参加体育活动,累计有近1亿人次达到各类各级体育锻炼标准。

1981年是我国体育史上具有里程碑意义的一年。在这一年,中国乒乓球队将所有的金牌都收入囊中,中国女排第一次获得世界冠军。可以毫不夸张地说,这一年开启了中国体育史的新纪元。1981年第36届世乒赛在南斯拉夫诺维萨德开幕。中国男队打出漂亮的翻身仗,使得"中国CHINA"的字样再次铸刻在斯韦思林杯上,中国女队也成功卫冕。在之后的比赛中,中国队一鼓作气,拿下了5个单项的所有金银牌。一支队伍在一届世乒赛上囊括7项锦标并包揽5个单项的冠亚军,这是世乒赛史上空前的奇迹。中国队在36届世乒赛上大获全胜的消息迅速传遍全球,世界为之震惊,中国队用7枚耀眼的金牌向世界宣告:中国是不折不扣的乒乓强国! 这样的成绩在之后的数年间都不可撼动。从1983年的东京到1985年的哥德堡,再到1987年的新德里,中国乒乓球队在这3届世乒赛上充分展示了自己的非凡实力,每届世乒赛都只有一项失手,摘得了3届世乒赛总共21项锦标中的18项。

此外,这一时期,我国有近三分之一的体育项目接近和达到世界水平,在第9届亚洲运动会上我国选手夺得金质奖章总数第一,我国已成为亚洲体育强国。1983年10月,《国务院批转国家体委〈关于进一步开创体育新局面的请示〉的通知》指出,要打开新局面,迅速提高运动技术水平,在于不断选拔、造就新人才。1984年10月,《中共中央关于进一步发展体育运动的通知》提出,要建设一支又红又专、有勇有谋的运动员和教练员队伍。各个项目都要像女排、乒乓球队那样,坚持高标准、严要求,勤学苦练基本功,做到有理想、有道德、有文化、守纪律。搞好项目的战略布局,集中力量发展优势项目。

图 2-5 1981 年世乒赛上中国男队再次夺冠

1986年,国家体委下发《国家体委关于体育体制改革的决定(草案)》的通知,以及《国家体委关于加速培养高水平运动后备人才的指示》《国家体委关于争取赛风根本好转的决定》。文件提出,要改善体育领导体制,切实发挥体委对体育事业的领导、协调、监督作用,并建立科学的训练体制,形成多形式、多渠道、多层次的运动人才梯队。优秀运动队是组织、培训尖子,攀登体育高峰的基本形式,要坚持以训练为中心,加强思想、组织和文化建设;要培养一批优秀教练;挑选事业心强、能开创新局面的人当领队。要及时调整重点项目布局,使队伍设置更切合实际。其中,竞赛改革也是体育改革的一个重点,要坚决响应中央号召,切实抓好体育战线的风气。在国际比赛中,既赛出水平又赛出风格,体现出社会主义国家的风度。

持续发展力来自不懈的努力。进入80年代末,中国乒乓球男队的隐忧渐渐显现出来。此时的乒乓球霸主是欧洲,欧洲的乒乓球运动经过了较长时间的发展,短时间内中国乒乓球队无法超越。在与世界上各大强队交锋之后,我国乒乓球队员和教练员针对每一场比赛暴露出的问题,总结出我们球队存在的问题和不足,面对的问题主要包括:不能很好地处理欧洲运动员的前冲弧圈球,我国运动员快攻打法的形式单一,缺乏关键技术层面的创新等。这也直接导致了中国乒乓球代表队在第32届、35届、40届世乒赛中取得的成绩一般。① 如何恢复和促进乒乓球运动的持续高水平的发展?需要准确地判断国际、国内的情况,战略规划也需要科学合理地调整。

二、金 牌 战 略

中华人民共和国的体育事业全面建立在计划经济的基础之上,这使体育事业领域形成特征鲜明的举国体制。这种体育发展体制的基本特点是以国家利益作衡量体育竞技成绩的最高目标,由国家负担经费,国家体育管理机构在全国范围内调动相关资源和力量,集中选拔、培养、训练有天赋的优秀体育运动员参加奥运会等国际体育赛事。争取优异比赛成绩、打破纪录、夺取金牌是举国体制的重要目标,也是举国体制发展的基本动力。② 在特定的历史时期,"举国体制"是典型的计划经济时代的产物,"思想一盘棋、组织一条龙、训练一贯制""国家包办、政府部门分管、财政统包供给",③体现了社会主义制度的优越性。它在整个乒乓球迅速普及辉煌的过程中起到了基础性的作用,不仅推动中国竞技乒乓球达到国际顶尖水平,而且为乒乓球在群众中的普及创造了有利条件。④

(一)体育政策变迁与战略调整

中华人民共和国成立后,体育事业发展驶上了快速腾飞的快车道,体育成为

① 陈茜茜.中国乒乓球运动"长盛不衰"原因及面临的挑战[D].南京体育学院,2019.
② 刘海飞.习近平体育思想的主要内涵[J].社会发展研究,2017(03):207-222.
③ 钟秉枢.新时代竞技体育发展与中国强[J].上海体育学院学报,2018(01):12-19.
④ 杨江.对我国乒乓球运动在社会转型过程中管理体制与运行机制的分析研究[D].北京:北京体育大学,2006.

国家革命和建设事业的重要组成部分。乒乓球运动和其他体育运动项目一样，竞技训练完全由国家来抓，国家有计划、有目的、有组织地培养和选拔各级体育人才，运动员一般都是在国家主办的少年体育学校开始自己的运动生涯，然后根据其成绩进入省市体工队或国青队，最后进入国家队代表中国参加国际比赛，这就是中国的"举国体制"模式。① 在这个体制中，具有一定条件的儿童会被家长或者学校送进少年体校或体育培训中心进行专业的乒乓球训练，在进行基本的技战术训练后就会参加各种比赛，一般以省市级比赛为主。成绩优异的佼佼者会进入省市专业运动队或国家青年队进行完全专业化的封闭式训练，在省级以上比赛取得好成绩的尖子最后则会入选国家队。体育界把这一训练方法称之为"三级训练体制"或"宝塔体制"，这个宝塔的塔尖就是国家队，塔基是遍布全国各地的基层少年体校和体育培训中心。在计划经济时代，这种举国体制更多的是服务竞技体育而非大众体育，但在那个特殊的年代，竞技体育的成功所承载的国家荣誉、集体主义精神，也激发了人们的追随和膜拜，进而带动竞技项目的大众普及和群众体育运动的高涨。当时，普通老百姓的娱乐形式相对单调，中国乒乓球队在国际竞技比赛中的屡屡获胜极大地鼓舞了人民群众的爱国情绪，乒乓球竞技的辉煌成绩带动了大众对乒乓球运动的强烈的价值认同，于是形成了全国上下的"乒乓球热"。大批球迷对乒乓球运动的兴趣延续至今，带动了身边几代人研习乒乓球，形成了一大群乒乓球爱好者群体。可以说，正是这种"举国体制"为乒乓球项目在中国奠定了广泛的群众基础，促成了中国乒乓球的进一步飞跃。② 时至今日，举国体制依旧是我国体育大发展、大繁荣的重要保障。对比美国四大球（篮球、棒球、橄榄球、冰球）的发展，也可以看出政府和群众的支持是体育事业发展的基石。从代表中国乒乓球最高水平的国家队来说，国乒后备人才储备仰仗举国体制，一直以来，都走"全国一盘棋"的道路。每年，国家二队、三队与各省市乒乓球健将都会进行两次大合练，在这个过程中我们能够掌握最新的人才信息和动向。与此同时，已经进入国家队的选手每年都面临着严酷的竞争，一旦掉队，就必须离开所在队伍。在竞争过程中，打得好的也可以迅速升级进入二队、一队。这一套选拔机制是科学、透明、公平的。因此，改革开放后，在这种体制的保驾护航下我国乒乓球竞技运动

① 孙春特.社会变迁下中国乒乓球运动发展的研究[D].长沙：湖南师范大学，2014.
② 刘剑.社会变迁视角下中国乒乓球运动的发展[J].当代体育科技，2015(10)：246-248.

依旧迅猛发展,并一直处在世界乒坛的顶端。[①]

从政策的变迁看,改革开放之初,中西方在科技、经济、文教、体育等领域存在巨大差距。为了缩小这种差距,国家政策调整始终在发挥积极作用。20世纪80年代,提出"普遍增强人民体质,努力提高运动技术水平,积极建设精神文明,为社会主义服务";90年代,提出围绕"一个中心,两个基本点"充分发挥体育在社会主义物质文明和精神文明建设中的作用,为实现四化、振兴中华服务。1991年,全国体育工作会议确定了这一时期的体育工作基本战略:"以青少年为重点、以全民健身为基本内容的群众体育和以奥运会为最高层次的体育政策。"大众体育开始在体育发展战略上得到重视和关注,并形成了上升的趋势。1993年制定的《关于深化体育改革的意见》和5个配套文件,进一步明确体育改革目标和任务,使大众体育沿着生活化、普遍化、社会化方向前进。一系列的战略部署和政策调整,促进了体育事业的大发展。

进入20世纪90年代,中国体育事业蓬勃发展。走出国门,走向世界的体育国际竞技交流渐趋频繁,中国获得的奖牌数量不断增加,综合竞技能力不断提升。1990年,中国在北京成功地举办了第11届亚运会,中国运动员夺得183枚金牌、107枚银牌、51枚铜牌,金牌数和奖牌数均名列前茅。1991年进行了第5次体育科学技术进步奖的评选活动,一大批优秀体育科研成果相继亮相。同年,北京向国际奥委会正式提出主办2000年奥运会的申请,中国体育事业向着更宏伟的目标奋勇前进。

中国的改革开放之路也是全面参与全球竞争的发展道路。在这一过程中,在全球竞技体育比赛,特别是奥运会上的表现,逐渐被视为国家实力的彰显和民族自信的来源。在这种背景下,我国越来越重视运动员在全球重大竞技体育赛事中,特别是在奥运会这样的全球顶级体育赛事上的成绩。1995年,天津世界乒乓球锦标赛是中国男子乒坛一个历史性的转折点。经过前期的创新和积累,中国乒乓球队大幅度提高了直拍的技术,使中国式横拍打法的威力倍

图2-6 孔令辉夺冠

---

① 孙春特.社会变迁下中国乒乓球运动发展的研究[D].长沙:湖南师范大学,2014.

增,培养了王涛、丁松、孔令辉、刘国梁等一批乒坛名将,中国男乒在综合实力上可以与欧洲强国一争高下。在1995年举办的第43届世乒赛上,中国队包揽了全部7项金牌。[①] 此后,中国乒乓球代表队继续保持着高昂的斗志和极高的竞技水平,在各大乒乓球赛事中摘金夺银,中国乒乓球运动的发展与成功激励着一代又一代中国人发愤图强。

(二) 奥运争光计划

随着中国综合实力和国际地位的飞速提升,我们更需要在奥运会等大型的体育比赛中获得好的成绩,尤其是更多地斩获金牌。为确保我国竞技体育发展战略目标的实现,促进竞技运动水平的提高,国家制定实施了"奥运争光计划",它不仅是综合国力的重要体现,也是对我国竞技体育实施战略性管理的重要步骤。[②] 计划明确指出,现阶段的发展方向就是集中国家的人力物力,大力发展奥运项目,其中着重优先培养以乒乓球为代表的奥运优势项目,乒乓球运动员集压力与动力于一身,中国乒乓球运动在政府大力支持下发展迅速,这也为中国乒乓球称霸世界奠定了坚实的基础。[③]

1995年,我国体育主管部门出台了《奥运争光计划纲要(1994—2000年)》,对我国竞技体育到20世纪末的发展目标、规模、重点、质量及措施实施全方位、多层次、全过程的系统管理与控制,使竞技体育高效、快速、健康发展,夺取更好成绩,赢得更大荣誉。奥运争光计划是滚动式计划,是系统工程,不是一次完成的。2002年,我国又出台了《2001—2010年奥运争光计划纲要》。之后,我国又颁布实施了《2011—2020年奥运争光计划纲要》。从实践来看,"奥运争光计划"或者大家习惯所称的"金牌战略",对于提高我国在奥运会、亚运会等重大国际赛事上的金牌数量的确起到了促进作用。

随着我国改革的深入,我国乒乓球运动进入了市场化、职业化的发展阶段,全运会、全国锦标赛等传统赛事和俱乐部联赛并行的双轨制体系逐步建立。乒乓球比赛以主场和客场的形式进行,提升了乒乓球比赛的观赏性。这一时期,我国运动员的竞技水平、综合实力不断提高,奖牌数量不断增加,卓越的成绩可以验证国

---

① 陈茜茜.中国乒乓球运动"长盛不衰"原因及面临的挑战[D].南京:南京体育学院,2019.
② 俞竹丽.构建双轨制大学体育竞赛制度的可行性研究[D].南京:南京师范大学,2008.
③ 肖谋文.我国群众体育政策的历史演进及过程优化[D].北京:北京体育大学,2007.

家体育战略和政策落实的高效：乒乓球运动的大力推广，一方面以简约的物资成本促成了较大范围的运动普及，提高了人民群众的身体素质，为社会主义建设事业的发展汇聚了大量具备良好运动习惯的人力资源和人才资源；另一方面，充分运用社会主义体制优势及运动员的优异成绩和拼搏精神，以强大的组织、宣传、动员，完善了对中国国家形象及民族精神的塑造，为今后的发展涵育和贡献了精神动力。

三、健康中国与体育强国战略

21世纪我国成为世界第二大经济体以来，在全球经济、科技、文化、社会等领域的诸多优势不断加强，中国特色社会主义道路自信、理论自信、制度自信、文化自信全面树立，中华民族也迎来了历史上最为接近伟大复兴的历史时期。在充满"四个自信"的新时代，我们已经无须过度强调"金牌战略"，调整体育发展战略使体育事业的发展向增进全体人民体育福利，促进竞技体育、职业体育、社会体育和学校体育的均衡发展和全面优化发展已成为时代之需。建设世界体育强国已经成为我国体育改革的时代主题。更多的运动健儿夺取金牌为国争光是建设世界体育强国的应有义务和自然结果。

在几代领导集体传承坚守和坚持发展人民体育，倡导健康生活方式，使人民身体素质得到普遍提高的政策引导下，经常参加体育锻炼的人数逐年攀升，各社会主体组织的体育活动层出不穷，中国人民迎来了更健康、更幸福的新时代。立足新时代，如何解决人民日益增长的体育生活需要和体育资源供给不平衡所带来的矛盾依然是体育发展的重大课题。推进全民健身发展，夯实体育强国基础，打造系统完善的全民健身服务体系，[①]是当前最重要的任务。

（一）体育改革历史沿革

从国家出台的政策看，20世纪80年代到90年代初，在十一届三中全会精神指导下，我国开展了一系列的体育发展战略研究，开始探索在新的形势下体制改革的路子。在1984年10月中共中央颁发的《中共中央关于进一步发展体育运动

---

① 李荣芝，张娣，余锦程，等.中国乒乓球的使命追溯与新时代责任[J].体育科学，2021，41(11)：69-79.

的通知》指导下,国家体委经过调研、探索和酝酿,于1986年4月下发了《国家体委关于体育体制改革的决定(草案)》,制定了10个方面53条改革措施,确立了以社会化为突破口,以竞赛和训练改革为重点的改革思路,提出了"以革命化为灵魂,以社会化和科学化为两翼,实现体育腾飞"的战略指导思想。从此,我国体育事业在管理体制、训练体制、竞赛体制、体育科技体制等方面的改革全面启动。

这一时期,其他各项体育工作也取得显著成绩。体育科研工作受到高度重视,体育科技体制改革、体育科研机构整顿被提上议事日程,体育科研条件得到改善。国家体委明确提出,体育振兴要依靠科学进步,体育科学技术必须面向体育运动的发展。在体育院校建设方面,国家体委对体育院系教学计划和体育学生的学籍管理办法、体育学院的任务、系科设置、专业设置和修业年限等方面提出了指导意见,使在"文化大革命"中受到极大破坏的体育院系管理和教学科研工作全面恢复。至80年代初,北京、上海、武汉、成都、沈阳、西安等地的体育学院本科和研究生教育及在岗干部、教练员培训均步入正轨,培养了大量专业人才;体育宣传、新闻以及出版事业也得到快速发展,以中国运动员参加的重大国际赛事为核心,从中央到地方新闻媒体的体育报道急剧增加,各类体育报刊广受欢迎,为普及和宣传体育运动作出了重要贡献。

20世纪80年代,体育受到越来越广泛的社会关注,成为社会生活的重要内容,中国乒乓球的辉煌成就也使得乒乓球运动在普通民众中愈发流行。世界杯男子单打赛事开始举办,乒乓球也正式成为奥运会比赛项目。这10年间,中国队的大赛成绩在国际乒坛无出其右,共诞生了28位新世界冠军。特别是在第36届世乒赛上,中国队获得7项冠军,创造了由一支球队包揽金牌的历史纪录。此外,中国女排世界杯夺冠、中日围棋擂台赛的胜利、中国足球队参加世界杯预选赛等赛事更是引起了全社会的关注,在中华大地上掀起了一次次体育热潮。在社会主义现代化建设蒸蒸日上、改革开放不断深化的社会背景下,体育充分发挥了振奋民族精神、提高社会凝聚力的巨大作用,体育与广大群众结合得愈加紧密,在国家政治、经济、社会生活中的地位也在不断提高。(见图2-7)

20世纪90年代,随着体育改革的深化,我国体育法制建设取得重大成就,规范化、制度化程度不断提高。党的十一届三中全会提出了"发展社会主义民主,健全社会主义法制"的历史任务和"有法可依,有法必依,执法必严,违法必究"的社

图 2 - 7　1981 年第 36 届世乒赛上中国队获得女团冠军

会主义法制建设的方针。随着我国体育事业的社会化发展,原有的行政法规已不能处理市场经济条件下高度社会化的体育事务和日益复杂的各种关系。体育改革需要法律的指导和保障。于是,制订《中华人民共和国体育法》的工作就被提上了议事日程。1995 年 8 月 29 日,《中华人民共和国体育法》在第八届全国人大常委会第 15 次会议上全票通过,于 1995 年 10 月 1 日正式开始实施。《体育法》是新中国的第一部体育法律,它的颁布是中国体育发展史上的一个里程碑,标志着中国体育发展纳入法制化轨道,进入了依法治体的新阶段。

　　20 世纪 90 年代,国际竞技体育出现新的发展态势:依靠科技手段促进运动技术水平的提高已成趋势;商业化、职业化对竞技体育的影响日益明显;国际赛事的类别与数量日增,对传统的训练手段、方法和理论提出挑战;苏联解体、民主德国和联邦德国合并以后,世界竞技体育原有格局被打破,既使我国在奥运会中的竞争对手增多,也为进一步提升中国竞技体育的国际地位提供了机会。此外,国内改革开放的不断深入和中国体育整体协调发展战略的实施,也对竞技体育发展提出了更高的要求。在此背景下,国家体委着手制定了《奥运争光计划纲要(1994—2000 年)》(以下简称《纲要》),于 1995 年 7 月 6 日实施。该《纲要》共分 5个部分,分别阐述了我国竞技体育面临的形势和任务,争光计划的目标和实施指导原则、主要措施及步骤方法等。《纲要》的颁布实施使"在奥运会等重大国际比赛中夺取优异成绩,为国争光"的竞技体育发展目标进一步明确,为我国竞技体育的快速发展起到了重要的指导作用。这一时期,体育部门还制定、颁布了一系列与《体育法》《全民健身计划纲要》《奥运争光计划纲要》相配套的部门规章和规范性文件,1993年颁布了关于深化体育改革的意见,2000年颁布了《2000—2010年体育改革与发展纲要》。另外,在群众体育、竞技体育、体育经济、体育科研、体育外事等各个方面都制定了大量规章、规定和管理办法,使体育事业的规范化、制度化程度得到明显提高,有效保障了体育事业健康、快速发展。

　　《全民健身计划纲要》和《奥运争光计划纲要》的制定与实施是实现奥运战略和全民健身战略的两项重大工程,它对改革开放以来的中国体育产生了深远的影响,形成了两个具有号召力的社会文化运动,充分表达了亿万人民对体育的需求,也顺应了社会的转型和经济的发展。《全民健身计划纲要》以一切从人民利益出发和服从于党的中心工作和社会发展的全局,作为开展全民健身工作的出发点和落脚点,把动员和引导广大人民群众积极参加体育锻炼、普遍增强人民体魄作为开展全民健身工作的核心和主题。采取整体规划、逐步实施的步骤,1995—2010年分为两期工程:1995—2000年为第一期,2001—2010年为第二期。其中,《〈全民健身计划纲要〉第二期工程第一阶段(2001—2005年)实施计划》是为全面实施《〈全民健身计划纲要〉第二期工程(2001—2010年)规划》和认真贯彻落实《中共中央、国务院关于进一步加强和改进新时期体育工作的意见》,在总结第一期工程经验的基础上,按照第二期工程规划的总体要求而制定的。[①] 其主要任务是构建面向群众性的多元化体育服务体系,增加经常参加体育锻炼的人数,增加公益性体育健身设施,壮大社会体育骨干队伍,完善群众体育组织网络,抓好国民体质监测工作。其主要措施集中在加强公益性体育场地设施建设,加强国民体质监测体系建设,加强青少年体育建设,加强社会体育骨干队伍建设,加强全民健身组织网络建设,加强社会体育法规制度建设等方面。

　　《2001—2010年体育改革与发展纲要》是为实现党的十五大提出的21世纪现代化建设的宏伟目标,充分发挥体育在社会主义物质文明和精神文明建设中的作用而制定的。其内容包括面临形势、目标方针、全民健身、奥运争光、体育产业、科技人才、体育交流、体制改革、保障措施等9个方面,是指导进入新世纪我国体育事业改革与发展的纲领性文件。21世纪前10年体育改革与发展的总目标是:

---

① 　本书编委会.现代高校公共体育管理与体育科学研究:第1卷[M].北京:中国建材工业出版社,2006:218.

建立与社会主义市场经济体制相适应的、符合体育发展规律的体育体制和运行机制，初步形成有中国特色的社会主义体育组织体系。国民体质主要指标在经济发达地区达到中等发达国家的平均水平，在经济欠发达地区达到发展中国家的平均水平；竞技体育的优势项目有所拓展、总体实力进一步增强；体育社会化、科学化、产业化、法制化程度明显提高，为在 21 世纪中叶基本实现体育现代化打下坚实的基础。此外，在具体目标的设定上更多兼顾了细节。如大众体育普及程度明显提高，全社会体育意识普遍增强；经常参加体育活动的人数在现有基础上增加到占总人口的 40％左右；城市社区和乡镇建有方便居民进行健身活动的体育设施等。

随着我国体育改革的不断深入和对举国体制及金牌战略的深入总结与反思，我国体育迎来了新的发展时期。2008 年在中国体育史上具有里程碑的意义，北京奥运会的成功举办展现了中国作为世界大国的风采（见图 2-8）。中国队历史性地获得金牌榜第一，中国乒乓球队创造了世界乒坛的一个奇迹。从团体赛到单打赛，从须眉对抗到巾帼比拼，中国乒乓选手无不以胜利而告终。包揽男女团体冠军，席卷男女单打前三甲，满足了全民的内心荣誉感及自豪感。后北京奥运时代，国民的体育观念大为改变。强大的民族自信已经确立，相当一部分群众对奥

图 2-8　北京奥运会开幕式

运冠军已经司空见惯,不计较运动员输赢,尽力即可。部分群众认为,在中国现行体制下,奥运金牌数量和国家的国民素质并无关联,国家耗费巨资培养奥运冠军的价值不如全民健康重要,中国要想成为体育强国需要推动全民健身。奥运冠军被赋予的新时代价值使他们回归到了体育运动最本质的属性。

(二) 新时代体育发展战略

2012 年,党的十八大报告提出,要广泛开展全民健身运动,促进群众体育和竞技体育全面发展。2013 年 8 月,习近平总书记在沈阳会见了参加全国群众体育先进单位和先进个人表彰会、全国体育系统先进集体和先进工作者表彰会的代表,并发表重要讲话指出:发展体育运动,增强人民体质,是我国体育工作的根本方针和任务。全民健身是全体人民增强体魄、健康生活的基础和保障,人民身体健康是全面建成小康社会的重要内涵,是每一个人成长和实现幸福生活的重要基础。2016 年 6 月,国务院发布《全民健身计划(2016—2020)》提出,今后 5 年,面对人民群众日益增长的体育健身需求、全面建成小康社会的目标要求、推动健康中国建设的机遇挑战,需要更加准确把握新时期全民健身发展内涵的深刻变化,不断开拓发展新境界,使其成为健康中国建设的有力支撑和全面建成小康社会的国家名片。政府设置协调机构统筹各部门工作、部门间协同工作、细化规划内容、加强期内考核是世界各国共同的发展经验。体育产业与健康产业的融合发展,是实现全民健身与全民健康深度融合的重要举措。我国也借鉴国际经验,从宏观到微观层面向体育产业与健康产业提供政策支持,促进体育产业与健康产业的融合发展。[1]

2016 年 10 月,中共中央、国务院印发《"健康中国 2030"规划纲要》,其中提出了提高全民身体素质、完善全民健身公共服务体系、广泛开展全民健身运动、加强体医融合和非医疗健康干预、促进重点人群体育活动等要求。2017 年,党的十九大报告明确提出,要广泛开展全民健身活动,加快推进体育强国建设,筹办好北京冬奥会、冬残奥会,要实施健康中国战略,倡导健康文明生活方式,发展健康产业等。2019 年 9 月,《国务院办公厅关于印发体育强国建设纲要的通知》部署推动体育强国建设,充分发挥体育在建设社会主义现代化强国新征程中的重要作用。

---

① 王龙飞,殷小翠.健康中国战略下体育产业与健康产业融合发展的动因与路径研究[J].体育学研究,2020(03):34-39.

纲要提出,要努力将体育建设成为中华民族伟大复兴的标志性事业,并提出了5个方面的战略任务:一是从完善全民健身公共服务体系、推进全民健身智慧化发展等方面,落实全民健身国家战略,助力健康中国建设;二是从建立中国特色现代化竞赛体系、推进职业体育发展等方面,提升竞技体育综合实力,增强为国争光能力;三是从激发市场主体活力、加强体育市场监管等方面,加快发展体育产业,培育经济转型新动能;四是从推动运动项目文化建设、丰富体育文化产品等方面,促进体育文化繁荣发展,弘扬中华体育精神;五是从构建体育对外交往新格局、提升中国体育国际影响力等方面,加强对外和对港澳台体育交流,服务大国特色外交和"一国两制"事业。还明确了体育场地设施建设、全民健身活动普及、青少年体育发展促进、国家体育训练体系构建、科技助力奥运、体育产业升级、体育文化建设、体育志愿服务与体育社会组织建设等九大工程。

之后,党的十九届五中全会擘画了中国未来5年乃至15年的发展蓝图,提出到2035年建成体育强国的目标,这比2019年9月发布的《体育强国建设纲要》提出的"2050年全面建成社会主义现代化体育强国"的目标提前了15年。新时代体育强国建设需要解决体教融合、全民健身、科学训练、大型赛事举办等问题,促进有效市场和有为政府更好地结合。[1] 在实践中,要兼顾争光与育人相结合:既看运动成绩也看超越自我,"推动青少年文化学习和体育锻炼协调发展,促进青少年健康成长、锤炼意志、健全人格,培养德智体美劳全面发展的社会主义建设者和接班人"[2];既看竞技体育的金牌、奖牌,也看群众体育和全民健身,"体育强国的基础在于群众体育,要通过举办北京冬奥会、冬残奥会,推动中国冰雪运动跨越式发展,补缺项、强弱项,逐步解决竞技体育强、群众体育弱和'夏强冬弱''冰强雪弱'的问题,推动新时代体育事业高质量发展";既看竞技体育运动项目发展,也看中国举办大型赛事的遗产效益。[3] 从体育系统体校、省市体工队、国家队"一条龙"竞技体育人才培养体系,到"深入推进体教融合,把青少年竞技体育人才培养纳入国民教育体系"[4];从突出能拿金牌的项目,到着力解决三大球等群众喜爱的项目长

[1]　钟秉枢.新型举国体制:体育强国建设之保障[J].上海体育学院学报,2021,45(03):1-7.
[2]　体育总局教育部关于印发深化体教融合促进青少年健康发展意见的通知[EB/OL].[2020-10-30].http://www.gov.cn/zhengce/zhengceku/2020-09/21/content_5545112.htm.
[3]　习近平在北京河北考察并主持召开北京2022年冬奥会和冬残奥会筹办工作汇报会[EB/OL].[2021-01-20].http://www.gov.cn/xinwen/2021-01/20/content_5581375.htm?gov.
[4]　北京市体育局.关于印发《北京市贯彻落实〈体育强国建设纲要〉实施方案》的通知[EB/OL].[2020-11-30].http://tyj.beijing.gov.cn/bjsports/zcfg15/fgwj/dffg/10897411/index.html.

期落后问题,使竞技体育朝着均衡发展的方向前进;从竞技体育的"科研攻关""科技助力",到群众体育的科学健身指导、体质健康促进、体医融合发展等。[1] 如今,我国体育事业的发展,已从"举体育行政系统之力"到逐渐形成了中央与地方、政府与市场、公办与民办、国内与国外等共同参与体育的格局,校园比赛、青少年比赛、专业比赛、职业比赛多头并进。

在数字化、网络化、智能化时代,体育与党政部门、社会组织、学校、企事业单位、家庭和个人的关系更加紧密。[2] 2022 年,北京冬奥会从筹办伊始,国家就设定了以科技创新赋能冬奥的战略部署。科技部会同北京冬奥组委、北京市、河北省、国家体育总局等有关部门和地方成立科技冬奥领导小组,制定实施《科技冬奥(2022)行动计划》,设立并组织实施"科技冬奥"重点专项扶持计划,围绕场馆、运行、指挥、安保、医疗、气象、交通、转播等关键场景,鼓励研发新技术成果并在测试赛中落地应用以服务北京冬奥会。这些成果通过北京冬奥会各场景的应用示范,进一步创新完善后,将更多应用于经济社会发展及城市运行各个领域,形成丰富的科技冬奥遗产。2022 年,北京冬奥会和冬残奥会成功举办,有 61 个项目 228 项技术陆续在测试赛、运动员训练及冬奥会相关筹备工作中测试应用,为世界贡献了一届精彩、非凡、卓越的科技奥运盛会,也促进了冬季运动项目普及和体育产业发展。

加快推进体育强国建设,是党中央、国务院站在全面实现中华民族伟大复兴中国梦的战略全局,对进入新阶段、新周期体育发展提出的新的时代要求。它是与到 2020 年全面建成小康社会和到本世纪中叶把我国建成富强民主文明和谐美丽的社会主义现代化强国的历史进程和奋斗目标相一致的中国体育发展战略。对标党的十九大确立的路线图和进程表,全面建设体育强国的奋斗目标,可以相应地设立 3 个阶段的奋斗目标。

第一个阶段:2020 年前。围绕全面建成小康社会的战略目标,按照抓重点、补短板、强弱项的工作要求,以备战和筹办好 2020 年东京奥运会和 2022 年北京冬奥会、冬残会为工作重点,补思想观念短板、基础设施短板、社会组织短板、运行机制短板、科技和人才支撑短板;强足球、冰雪运动、青少年体育、体育产业、体育文化等弱项;推动全民健身与健康中国融合发展,体育产业与相关产业融通发展,

---

① 王凯.论"新举国体制"[J].体育学研究,2018(4): 8 - 15.
② 钟秉枢.新型举国体制:体育强国建设之保障[J].上海体育学院学报,2021(03): 1 - 7.

竞技体育与实现中华民族伟大复兴中国梦对标发展;实现经常参加体育锻炼人数明显提升,群众身边的体育基础设施明显改善,城乡和区域体育公共服务水平差距明显缩小;体育产业规模、结构、质量、效益明显跃升,竞技体育基础实力和核心表现明显增强;完成 2020 年东京奥运会既定的参赛目标,扎实做好 2022 年北京冬奥会、残奥会的各项筹办和备战工作。

第二个阶段:从 2020 年到 2035 年。围绕基本实现社会主义现代化这一战略目标,再奋斗 15 年,基本建成体育强国的工作体系和业务构架,初步实现中国体育的现代化。主要建设指标是:体育发展的综合实力和核心竞争力跻身世界前列;经常参加体育锻炼人数大幅提升,覆盖城乡的基本公共体育服务实现均等化,全民健身成为国民健康的生活方式;竞技体育中的弱项短板基本补齐,基础大项、集体球类项目、水上运动项目、冰雪运动项目的竞技水平大幅提升,以学校体育为基础、社会和市场力量广泛参与的竞技体育优秀后备人才培养体系有效运行,职业体育全球影响力快速提升,涌现一批世界顶级的职业联赛、职业俱乐部和赛事品牌;以运动项目产业为核心,以网络化数字化智能化为技术支撑,带动相关服务产业和装备制造业协同发展的现代体育产业体系初步形成,体育产业成为现代人文服务业中的支撑产业;体育文化、体育科技、体育人才、体育法治建设水平大幅提升,体育现代化格局基本形成。

第三个阶段:从 2036 年到本世纪中叶。在基本实现体育现代化的基础上,再奋斗 15 年,全面完成体育强国的建设任务,全面实现中国体育的现代化。到那时,人民群众将享有充分均衡的体育公共服务,运动健身成为每个人健康的生活方式,体育工作全面融入"五大建设"和人的全面发展,中国体育的综合实力和影响力全球领先。

人的全面发展永续基业。唯物史观认为,人的全面发展不仅是社会全面、自由、和谐发展的前提和基础,更是人类发展的最高目标。人的全面发展受生产力和生产关系两个方面的制约,随着生产力水平的不断提高和生产关系的不断改善,人的全面发展的实现度也会不断提升。中国特色社会主义进入新时代,我国社会主要矛盾也随之转化为人民日益增长的美好生活需要和不平衡不充分的发展之间的矛盾,而化解这一主要矛盾的奋斗过程也就是不断提高全体中国人民全面发展的过程。体育是人的全面发展的生物学基础,身体是"载知识之车,寓道德之舍",体育可以娱情丰趣,颐养人生。围绕"两个一百年"的奋斗目标,新时代开启了一个以人民为中心,全面深化改革、全面创新发展的新征程,制约人的全面发展的经济社会因素必将进一步消解,追求美好生活的人民和追求伟大复兴的社会对体育的需求必将得到全面释放,体育作为促进人的全面发展和社会全面进步的要素也必将随之得到广泛重视。从根本上讲,人类在推动人的全面发展方面所能达到的高度决定了体育发展的高度。当促进人的全面发展所有的社会努力和个体期待聚焦在一个美好时代,体育事业就会基业常青、活力四射。①

习近平总书记强调:"体育是提高人民健康水平的重要手段,也是实现中国梦的重要内容,能为中华民族伟大复兴提供凝心聚气的强大精神力量。"②党的十八大以来,以习近平同志为核心的党中央高度重视关心体育工作,亲自谋划推动体育事业改革发展,将全民健身上升为国家战略,推动全民健身和全民健康深度融合,加快推进体育强国建设进程。

在中国体育发展史上,乒乓球项目拥有着最辉煌的竞技成绩、最庞大的群众基础和最深厚的文化底蕴。乒乓球运动健儿塑造的永不言败的体育精神既是中国乒乓健儿不断奋进的力量源泉,也是深深影响中国体育人甚至社会各界的精神力量。从光荣的历史中走向辉煌的未来,中国乒乓球队与时俱进、勇立潮头。据中国乒协统计,截至 2021 年 12 月,中国乒乓球队有 116 人成为世界冠军,在世界三大赛上共获得 252 枚金牌,其中奥运会金牌 32 枚、世乒赛金牌 149 枚、世界杯金牌 71 枚,这个成绩在世界乒坛无人能及。与此同时,我国在赛场条件、赛事组织、服务保障、产业发展等方面也同样取得了长足进步,处于世界先进行列。正如中国乒乓球队总教练李隼所说:"我们见证了奋斗不息的队伍、日新月异的发展、赓续传承的事业。"中国无愧于"乒乓第一大国"的称号。

（郭　炜）

思考题

1. 简述乒乓球运动的发展与我们的国家战略的关系。

2. 简述体育发展与人类社会文明进步的关系。

---

① 国家体育总局.迈向体育强国之路[M].北京:人民体育出版社,2019.

② 习近平主席在欢迎出席第二届夏季青年奥林匹克运动会开幕式的国际贵宾宴会上的祝酒词(2014 年 8 月 16 日)[N].人民日报,2014-08-17.

参考文献：

［1］谭华.体育史［M］.北京：高等教育出版社,2005.

［2］国家体委政策研究室.体育运动文件选编（1949—1981）［M］.北京：人民体育出版社,1982.

［3］郭春玲,张彩红.我国体育立法回顾与述评［J］.西安体育学院学报,2008(03).

［4］陈茜茜.中国乒乓球运动"长盛不衰"原因及面临的挑战［D］.南京：南京体育学院,2019.

［5］林少峰.从断裂到协调——中国群众体育与竞技体育政策的演进［J］.安徽科技学院学报,2006(01).

［6］刘峥,熊晓正.体育强国视野下的战略选择对三个理论前提的透视［J］.武汉体育学院学报,2012(03).

［7］黄晓丽.当代中国学校体育健康教育思潮研究［D］.长沙：湖南师范大学,2015.

［8］郑文强.我国竞技体育政策及其变迁研究［D］.桂林：广西师范大学,2018.

［9］国家体育总局.改革开放30年的中国体育［M］.北京：人民体育出版社,2008.

［10］国家体委政策研究室.体育运动文件选编（1982—1986）［M］.北京：人民体育出版社,1989.

［11］杨继星,李剑.对我国竞技体育社会功能形成的因素分析［J］.河北体育学院学报,2002(01).

［12］邵华泽.中国国情总览［M］.太原：山西教育出版社,1993.

［13］刘海飞.习近平体育思想的主要内涵［J］.社会发展研究,2017(03).

［14］钟秉枢.新时代竞技体育发展与中国强［J］.上海体育学院学报,2018(01).

［15］杨江.对我国乒乓球运动在社会转型过程中管理体制与运行机制的分析研究［D］.北京：北京体育大学,2006.

［16］孙春特.社会变迁下中国乒乓球运动发展的研究［D］.长沙：湖南师范大学,2014.

［17］刘剑.社会变迁视角下中国乒乓球运动的发展［J］.当代体育科技,2015(10).

［18］俞竹丽.构建双轨制大学体育竞赛制度的可行性研究［D］.南京：南京师范大学,2008.

［19］肖谋文.我国群众体育政策的历史演进及过程优化［D］.北京：北京体育大学,2007.

［20］田雨普.新中国60年体育发展战略重点的转移的回眸与思索［J］.体育科学,2010(01).

［21］李荣芝,张娣,余锦程,等.中国乒乓球的使命追溯与新时代责任［J］.体育科学,2021(11).

［22］本书编委会.现代高校公共体育管理与体育科学研究第1卷［M］.北京：中国建材工业出版社,2006.

［23］王龙飞,殷小翠.健康中国战略下体育产业与健康产业融合发展的动因与路径研究［J］.体育学研究,2020(03).

［24］钟秉枢.新型举国体制：体育强国建设之保障［J］.上海体育学院学报,2021(03).

［25］王凯.论"新举国体制"［J］.体育学研究,2018(04).

［26］国家体育总局.迈向体育强国之路［M］.北京：人民体育出版社,2019.

第三章　中国乒乓与中国精神

导语

　　"人无精神则不立,国无精神则不强。精神是一个民族赖以长久生存的灵魂,唯有精神上达到一定的高度,这个民族才能在历史的洪流中屹立不倒、奋勇向前。"①中国乒乓球队所凝结的乒乓精神是中华民族精神的生动展现,是中国乒乓球运动长盛不衰的基本保证。弘扬乒乓精神,能为中国梦、体育强国梦的实现提供凝心聚气的强大精神力量。

　　1952 年中国乒乓球队成立,中国乒乓球事业从蹒跚学步,走到了世界强国,创造了世界运动史上罕见的奇迹。尽管过程中历经风雨和拼搏,荣耀始终与中国乒乓球队相伴而行。中国乒乓球事业卓越成就的取得,并不是轻而易举的,也不是理所应当的,而是一代代中国乒乓人顽强努力、勤于探索、勇于拼搏的结果。在此过程中,不仅收获了辉煌的成绩,更塑造了一笔宝贵的无形财富——中国乒乓精神。

　　中国乒乓球事业之所以能够建立伟业,最根本的一点就是发扬了中国乒乓精神,实现了中国乒乓球事业与中国精神的深度融合。可以说,中国乒乓精神是中国乒乓球事业从胜利走向新的胜利的不竭动力,也是中国乒乓球运动长盛不衰的根本保证。

　　那么,什么是中国乒乓精神呢? 对此,曾经有很多人探讨过,也有过多种论述。其中,有一种认识是被大家广泛认可的:中国乒乓精神是中国乒乓球队在攀登世界竞技体育高峰过程中逐步形成的,它所蕴含的精神光芒和力量,是中国精神的切实践行和光辉成就。接下来,就让我们一起走进中国乒乓精神。

---

① 习近平.习近平谈治国理政(第 2 卷)[M].北京:外文出版社,2017:47-48.

一、中国乒乓精神形成的历史过程

乒乓球是我国第一个走出自己的路、赢得世界冠军的体育项目。中国乒乓球队从建队之初到迅速起飞的过程是很快的,只用了短短的8年时间。桂冠是用荆棘编成的。中国乒乓球运动通向世界高峰的道路并非一马平川。开拓者的起步异常艰辛,的确是万事开头难。

(一) 初露锋芒

1953年,我国加入国际乒乓球联合会后,同年3月参加第20届世界乒乓球锦标赛。这一届,我国男队被评为一级第十名,女队被评为二级第三名。经过四年,第21届世乒赛上男队升为一级第四名,女队升为一级第三名。两年后,容国团在1959年举行的第25届世乒赛上荣获男子单打冠军。

第一个世界冠军出现在1959年,这并不是偶然。在1956年、1957年第23届、第24届世乒赛上,我国男队先后击败了美国、英国、罗马尼亚、越南等队,增强了信心。乒乓球队针对击球快狠而不够准的情况,加紧苦练基本功,发挥技术优势,努力赶超世界先进水平。打败过多位乒坛高手的容国团,率先发出了誓夺世界冠军的豪言。1959年,他以"人生能有几回搏,我不拿世界冠军誓不罢休"[1]的英雄气概,在第25届世乒赛上实现了宏愿。一家外国报纸评论说:"中国运动员在世界上以优秀选手出现,这个比容国团个人的成就重要得多。"因为这一届赛场上中国队已崭露锋芒,在男女团体、男女单打和混合双打5个项目中,获得1项冠军,5项获得第三名,男子单打有4人进入前八名。

中国乒乓球队在总结中着重研究了中国有十几人进入世界前列,为什么只有容国团能进入决赛夺冠。经过认真剖析,认识到这支队伍在技术上已具有夺取世界冠军的可能,但思想还不过硬,有些队员想赢怕输,临场过于紧张,没有打出风格和水平。容国团成功的实践,打破了世界冠军高不可攀的迷信,拨开了笼罩在乒乓王冠上神秘的烟雾,鼓舞着更多的人解放思想,勇攀世界高峰。

---

[1]　梁言,王鼎华,袁虹衡.国球传奇[M].太原:山西教育出版社,2013:31.

接着在第一届全国运动会上,一些乒乓小将战胜了容国团。这发生在容国团取得世界冠军仅仅 4 个月的时候。贺龙同志说:"这是好事,期待着有更多的新手成长,要大胆启用新手,派他们到世界上去闯。"于是一支由十七八岁的新秀组成的队伍,在这一年冬天远征乒乓球水平较高的瑞典、匈牙利和英国。小将们打得很漂亮,扛着一面华侨精心绣着"威震海外"4 个大字的锦旗凯旋。其中庄则栋、李富荣两位新秀被选拔参加第 26 届世乒赛赛前的集训,成为参加团体赛的主力选手。

(二) 全面崛起

1961 年是我国乒乓球队全面崛起之年,在有 32 个国家和地区的 243 名选手参加的第 26 届世乒赛中,夺得了男子团体和男女单打 3 项冠军和 4 项亚军、8 个第三名,结束了日本称雄世界乒坛的历史。

第 26 届世乒赛在中国北京举行,这是第一次由中国举办的世界性单项体育比赛,全国人民都非常关注。夺得上届世乒赛 6 项冠军的日本队宣称发明了秘密武器弧圈球,并扬言中国队虽有进步尚不足以威胁日本。年轻的中国选手面对世界强手,跃跃欲试,力求不负国人所望。

图 3-1　在第 26 届世乒赛比赛期间,全国每天有成千上万的乒乓球爱好者,
　　　　从电视机里欣赏激动人心的竞赛场面

　　时任国家副总理的贺龙同志,对第26届世乒赛的各项筹备工作,特别是对参加比赛的中国队的组织和训练,倾注了满腔热血。他指派国家体委副主任荣高棠组织了强有力的工作小组,到乒乓球队定点指导队伍的训练。工作小组坚持群众路线的工作方法,实行领导、教练员和运动员三结合。把政治领导作用、教练员在训练中的主导作用,同运动员的积极性、创造性结合起来,同心协力贯彻落实中央的指示。他们深深懂得,要在世界乒坛崛起,党的领导和群众路线是根本的保障。

　　思想政治工作是完成训练比赛任务的保证。在重大比赛前后运动员的思想活动错综复杂,但还是有规律可循的。世乒赛是各国强手云集的硬仗。赛前运动员训练比较苦,思想紧张,往往集中思考对手的强弱,自己技术进步的快慢,作战方案的长短和比赛胜负可能带来的得失。如果没有正确的世界观和方法论,情绪就易波动,会影响比赛任务的完成。工作小组在队里组织学习毛泽东著作,加强革命英雄主义、爱国主义、集体主义的教育,帮助运动员树立战略上藐视困难、战术上重视困难的思想,解除了怕日本强手、担心输球的顾虑,克服了迷信"球运",想侥幸取胜等错误思想。为了保证赛出风格和水平,还普遍讨论了如何避免临场紧张失常,联系每个人打球的经历,分析过去比赛中发挥正常和不正常的原因,总结出一套驾驭比赛的经验,提炼出一些符合辩证法的行动口号。如"遇弱不懈、遇强愈勇""领先不放松,落后不泄气,相持不紧张,关键不手软""胜利在望不等于胜利在握"等,帮助运动员临场处理好战局变化。

　　周恩来总理在接见从第25届世乒赛归来的乒乓健儿时曾嘱咐:"胜而不骄,败而不馁,埋头苦练,生生不已,在全世界放异彩!"第26届世乒赛前夕,他又特地来看望选手,一再叮咛:"你们要好好练习,好好保养,不要紧张,为国争光。不仅要比赛,还要学习,把别人的长处通通吸收过来"。他还告诫大家:"不争一日之长短,胜了还要再胜,如果不胜,下次再来。"[①]他还托付陈毅副总理来给乒乓小将们做战前动员。陈毅同志启发运动员认识为革命打球的意义:"我们鼓励你们力争胜利,也鼓励你们失败了不要泄气,要有泱泱大国的风度,不要赢得输不得""要争取锦标,不要锦标主义;要发挥个人才能,不要个人主义;要强调技术,但技术决定一切不对;要红专结合,政治越高,技术也要越高。"[②]这些高屋建瓴、语重心长的话,使选手们精神大振。

①　国家体育总局《乒乓长盛考》研究课题组.星光灿烂40年:乒乓文萃选[M].北京:人民体育出版社,2002:131.
②　梁言,王鼎华,袁虹衡.国球传奇[M].太原:山西教育出版社,2013:59.

团体赛结束,我国男女分获冠亚军的喜讯一经传出,人们奔走相告,神州大地一片欢腾。党和国家领导人连夜接见乒乓健儿,给予他们很大的荣誉和鼓励。外国通讯社评论:"中国执掌了世界乒乓球运动的牛耳。"日本舆论界认为:"由于中国是一个社会主义国家,能够指向一个目标,集中地做努力,才能发现和培养众多的天才,这是中国获胜的最主要原因。"

第 26 届世乒赛胜利闭幕后,贺龙同志在北京工人体育馆,立即召集国家体委和乒乓球队的领导干部开会,他指出:"现在已成骑虎之势,骑在虎背上决不能下来,我们要保持清醒头脑,看清我队已成为'众矢之的',决不能掉以轻心,要立即准备夺取下一届的胜利。"他部署国家体委工作小组,要抓紧时间认真总结经验,调整队伍,采取措施进一步提高战斗力。贺龙同志说,人总是要退出历史舞台的,主要是把班子接好,"长江后浪推前浪,世上新人赶旧人",要掌握这个规律。①

党和人民的热情关怀点燃了体育人心中新的希望之火。他们明白,刚到手的胜利只是万里长征的第一步,要努力向世界乒坛的高峰出击。

(三) 团队登顶

1965 年 4 月,第 28 届世乒赛在南斯拉夫卢布尔雅那举行,共有来自 46 个国家和地区的乒乓球组织代表和优秀选手参加。在这届世乒赛上,中国乒乓球队表现出良好的思想作风和精湛的球艺,勇夺男女团体、男子单打、男子双打、女子双打 5 项世界冠军,4 项亚军和 7 个第 3 名,这是我国乒乓球运动史上空前的重大成就。而当时的乒乓强国日本队只获得女子单打、混合双打两项冠军。中国以明显优势压倒日本,令世界乒坛刮目相看。当时有外媒评论"中国是世界头号乒乓球国家"。

这届世乒赛上,中国乒乓球队首夺五冠,集体攀登上了世界乒坛的最高峰,全国人民为中国乒乓球队的胜利感到欢欣鼓舞。当时很多人感到疑惑:中国乒乓球队 1952 年才成立,1953 年第一次参加世乒赛时还是默默无闻的队伍,他们是如何一跃成为世界乒坛的一支劲旅的?

1965 年《红旗》杂志第 7 期,刊登了一篇国家体委原副主任荣高棠的文章《从第 28 届世界杯比赛看我国乒乓球队的成长》。他文中开篇就指出,我国乒乓球队

---

① 国家体育总局《乒乓长盛考》研究课题组.星光灿烂 40 年:乒乓文萃选[M].北京:人民体育出版社,2002:132.

图 3-2　第 28 届世乒赛上,中国队创造了首次夺得
5 个奖杯的战绩,图为参赛的全体运动员合影

的胜利,确实不是偶然,他们的胜利,同我国各条战线上的胜利一样,是由于高举毛泽东思想的伟大旗帜,在党的教育培养下,在广大人民的关怀支持下,不断革命,不断进步,做到思想过硬、技术过硬的结果。[①]

接着,他从"为革命而打球""思想过硬、技术过硬""一分为二地看问题""走自己的路,学诸家之长""贯彻三结合的群众路线"几个方面,回顾总结了中国乒乓球队初次登峰成功的成长历程。

他认为,乒乓球运动员首先要正确解决的是为谁打球的问题。运动生活的实践,向运动员尖锐地提出了这个问题。运动员在赛场上经常要面临比赛胜利与失败的考验,如果没有正确的思想做指导,在比赛中就会患得患失,在比赛后也往往不能正确地总结胜败的经验教训。只有正确解决了为谁打球的问题,才能更好地解决如何打球的问题。

国家乒乓球队的运动员是在新社会长大的青少年,他们有运动才能,对学习和工作的热情很高,但是他们当中有些人原本是带着各式各样的动机来到国家队的。有些人认为打球好玩,出风头,并没有把它当作一项严肃的工作。有些人也知道,当国家队队员应当努力为国争光,但是对攀登世界高峰道路上可能遇到的艰难困苦,在思想上准备不足。因此。国家乒乓球队在集训中加强了

<hr>

① 荣高棠.荣高棠体育文论选[M].上海:华东师范大学出版社,1992:277-280.

对运动员的思想政治教育,着重进行了革命英雄主义教育和集体主义教育。年轻的运动员们逐渐认识到,体育工作是社会主义建设事业的一部分,打乒乓球是革命工作也是为人民服务,应当同其他各项社会主义建设事业一样努力攀登世界高峰。攀登世界高峰不是一蹴而就的,会遇到许多困难。我们需要发扬"明知山有虎,偏向虎山行"的革命英雄主义气概,勇于迎接困难挑战,以战胜困难为最大的愉快。

当运动员们决心为争取祖国的荣誉而贡献自己的力量,从为个人到为集体,从怕困难到敢于向困难挑战时,其思想认识已经发生了一个质的飞跃。"当树立了这种思想,运动员就能够心胸开阔,眼光远大,真正做到身在球场,心怀祖国,放眼世界。平日就有高度的自觉和充沛的干劲,坚持勤学苦练,不怕苦,不怕累,不怕难,越练越有劲。比赛时就有大无畏的英雄气概和坚强的信念,敢于胜利,敢于斗争,敢打敢拼,敢闯敢搏。越打越有精神。"[1]

有了为革命打球的思想。运动员就能够团结成一个坚强的战斗集体。每个人按照整体的需要练技术,个人利益服从集体利益。运动员们懂得一个人能力有大小,但只要有了为了集体荣誉而努力之心,便可以大大有利于集体。只有每个人尽力发出光和热,才能结成坚强的集体;只有坚强的集体才能孕育出具有高度战斗力的代表人物,去战胜世界强手。

荣高棠总结了中国乒乓球队集体登峰的成长历程,并且首次指出了中国乒乓球队由弱变强,从失败走向胜利的一个重要的影响因素是发挥了精神的力量。"运动比赛的胜负取决于双方技术实力的强弱,战术运用的正误,也在很大程度上取决于精神状态的好坏。"[2]比赛中,思想与技术是对立统一的关系,强弱胜负可以在一定条件下相互转化。我国乒乓球队要攀登世界高峰,为国争光,必须经得起赛场内外的考验。既要思想过硬,也要技术过硬,并且以思想过硬来保证技术过硬。

(四) 全胜传奇

如果说,第一次登峰还可能被外界质疑是偶然成功,那么,1981年第36届世界乒乓球锦标赛上,中国乒乓球队则创造了一个空前奇迹。中国队首次囊括了全

---

① 荣高棠.荣高棠体育文论选[M].上海:华东师范大学出版社.1992:277-280.
② 荣高棠.荣高棠体育文论选[M].上海:华东师范大学出版社.1992:277-280.

部 7 座冠军奖杯,同时包揽了 5 个单项的亚军。这是世乒赛 55 年历史中第一次由一个国家包揽全部 7 项冠军,也是中国乒乓球队在世界大赛中不断摘金夺银的新起点。(见图 3-3)

图 3-3　中国乒乓球队囊括第 36 届世乒赛 7 座奖杯,图为全体人员的合影

中国乒乓球队收到了 5 000 多封群众贺电贺信。南京大学的师生们致电中国乒乓球队:"我们要发扬乒乓精神,在繁荣祖国科学文化教育事业中争当冠军。"一位工厂干部在信中写道:"在你们身上我看到了中华民族最宝贵的精神力量,看到了我们祖国的前途和希望。我们伟大的中华民族又要腾飞了。"广州永红小学全体同学的决心书是:"我们要向你们学习,做一个有志气,有骨气,有锐气,有朝气的中国儿童。"①也有人叮嘱:"要总结 20 年胜利经验,更要考虑 200 年不衰之策。"②小小的乒乓球已经在大家心目中深深扎根,提示大家到了该总结、提炼中国乒乓球队成功经验的时候了。

1981 年 5 月 7 日,北京召开欢迎大会,迎接凯旋的第 36 届世乒赛中国乒乓球队。万里同志代表党中央对中国乒乓健儿进行了表彰,他在讲话中大力赞扬了中国乒乓球队:"乒乓小将在振兴中华的伟大历史潮流中的形象,是奋斗着的一代青年的形象。乒乓大胜,确实反映了被耽误了 10 年的中国青年正在奋起直追,走到

① 国家体育总局《乒乓长盛考》研究课题组.星光灿烂 40 年:乒乓文萃选[M].北京:人民体育出版社,2002:442.
② 国家体育总局《乒乓长盛考》研究课题组.星光灿烂 40 年:乒乓文萃选[M].北京:人民体育出版社,2002:118.

时代前列,又一次显示了中华民族有立于世界民族之林的志气和能力。"①同时,他把中国乒乓球队"胸怀祖国、放眼世界、为国争光的精神""发愤图强、自力更生、艰苦奋斗的实干精神""不屈不挠、勤学苦练、不断钻研、不断创新的精神""同心同德、团结战斗的集体主义精神"概括为"中国乒乓精神",号召全国各行各业学习,推动国家四化建设。

此后,中国乒乓精神随着时代的发展还在不断丰富其内涵,一代代乒乓健儿将爱国情怀、集体观念、拼搏精神、创新思维、忧患意识不断地发扬光大,为中国乒乓球运动长盛不衰提供了强大的思想保证和精神动力。

我们将重点阐释中国乒乓精神的以下4个方面的内容:胸怀祖国、为国争光的爱国主义精神;同心同德、团结协作的集体主义精神;勇攀高峰、不断钻研的创新精神;发愤图强、自强不息的拼搏精神。

中国乒乓球运动走在了世界前列,并且历久不衰,其根本的原因就是中国乒乓球界拥有这种乒乓精神。如果要使中国的各条战线、各行各业都走到世界前列,从而实现中华民族伟大复兴,我们就应该借鉴和弘扬中国乒乓精神。这不仅会有助于中国梦的实现,也是在谱写新时代的中国精神。

二、胸怀祖国、为国争光的爱国主义精神

爱国主义精神是中华民族精神的核心,它体现了人们对自己祖国的深厚感情,揭示了个人对祖国的依存关系,是人们对自己家园以及民族和文化的归属感、认同感、尊严感与荣誉感的统一。② 爱国主义精神调节个人与祖国之间的关系,将个人荣誉与国家的命运、民族的尊严紧密联系在一起,展现出强烈的责任感与使命感。在中国乒乓球运动的发展历程中,爱国主义精神始终是一面高扬的旗帜,它构成了中国乒乓精神的核心。

(一) 为国争光

1959年4月5日下午,在德国多特蒙德举行的第25届世乒赛男子单打决赛

---

① 国家体育总局《乒乓长盛考》研究课题组.星光灿烂40年:乒乓文萃选[M].北京:人民体育出版社,2002:119.
② 沈壮海,王易.思想道德与法治[M].北京:高等教育出版社,2021:75.

中,中国选手容国团战胜了曾经 9 次获得世界冠军的匈牙利名将西多,光荣地登上了男子单打世界冠军的领奖台。

容国团成为中国体育史上第一个世界冠军。从此,结束了中国在世界体育赛事中没有冠军的历史,实现了零的突破。而这种突破的原动力,是容国团表现出来的高度的爱国主义精神。

容国团出生在中国香港,少年时期就以出众的球艺引起了大家的关注,有香港大亨以重金聘请他打球,他却不为之所动,一心要回内地为国争光。当他听到贺龙元帅欢迎他回来打球的消息,毅然决然地离开了繁华的香港,抛弃了可能大富大贵的机会,来到北京,进入了当时实力还比较薄弱的中国乒乓球队。为了争取在世界大赛中获得好成绩,以报效祖国,他喊出了"人生能有几回搏""为国争光,此其时也"的豪言壮语。在这种精神的支持下,他艰苦训练、奋力赶超世界先进水平。1958 年在广州的一次体育集会上,他登台当众立下志向:三年之内夺取世界冠军。当时,一些好心人规劝他说:这种表态会使你很被动。他却坚定地表示:"我之所以这么讲,就是要破釜沉舟,背水一战。"①正是这种为国争光的高度责任感和使命感,使他在第 25 届世乒赛上突破了欧亚强手的围堵,一举摘得单打桂冠,提前两年实现了自己的诺言。

凯旋的容国团在机场受到了群众迎接英雄般的欢迎。为庆祝中国队在第 25届世乒赛上取得的历史性突破,首都北京举行了隆重的表彰大会。毛泽东、刘少奇、周恩来分别接见了载誉而归的容国团。

当时的容国团就是中国乒乓球队的一面旗帜,在他的带动和引领下,整个乒乓球队为国争光的信心大增,先后涌现出了庄则栋、徐寅生、李富荣、张燮林、邱钟惠、林慧卿、郑敏之、梁丽珍、李赫男等一批名将。他们分别在第 26、27、28 届世乒赛上取得了骄人的战绩。凡是在那个时代生活过的人,都会清楚地记得,小小乒乓球是怎样地壮我国威、扬我国气! 曾给国人带来多少喜悦、骄傲和自豪! 容国团当年喊出的"人生能有几回搏"的格言,已成为激励国人振兴中华、奋力拼搏的一种精神力量。

（二）为国奉献

令人欣喜的是,中国乒乓球队在 20 世纪 50 年代末 60 年代初铸就的以爱国

① 　徐寅生.中国乒乓精神[M].北京:线装书局,2002:12.

主义为核心的乒乓精神,在以后的 60 多年中,不仅没有削弱,而且还日益增强。特别是在中国实施改革开放之后,一些人羡慕西方的生活水平和生活方式,出现了出国的热潮,而中国乒乓球队,却在这股大潮中仍然高扬爱国主义旗帜,弘扬"胸怀祖国、为国争光"的爱国主义精神。

被誉为"乒坛少帅"的蔡振华,曾在 20 世纪 80 年代初的第 36、37、38 届世乒赛中夺得过 4 枚金牌,1985 年退役后,受聘意大利担任教练。4 年后,他在意大利执教合同期满,面临着两种选择:一是立即回国,二是公费改自费留下来。一些人劝他选择后一条路,因为这种选择会有较丰厚的收入、较高的生活水平。就在蔡振华面临人生重大抉择的时候,中国乒乓球男队在第 40 届世乒赛上全面失利,从团体到单打到双打甚至混双都没有获得一块金牌。祖国利益高于一切的使命感和责任感,使蔡振华一扫犹豫和彷徨,暗暗下定决心回国报效祖国。他说:"我并不是不知道外面可以过得舒服些,但我需要的是能在我挚爱的事业上有用武之地。""国家为我个人付出这么大的代价,我们理所当然地要为祖国去拼搏。如果不是国家培养,我蔡振华哪来这么多的荣誉、这么多的机会?"①在这种爱国主义思想的指引下,他放弃了在国外可能得到的一切,主动选择回到了祖国。

1991 年 6 月,在我国乒乓球运动走入最低谷的时候,他受命于危难之际,担当了男队主教练。他的就职演说颇有几分悲壮:"也许,我们这一届教练班子和队员们要经历中国乒乓球运动漫长道路上最黑暗、最泥泞的一段,但我们会不顾一切地走过泥泞,走出黑暗,冲向光明。"②他的话没有白说,当年我国乒乓球男队在第二届世界杯比赛中就夺得了团体冠军;第二年在 25 届奥运会上,男队夺得奥运双打金牌,并获得了 3 枚单项比赛金牌,实现了我国乒乓球男队打翻身仗的夙愿。

(三) 为国拼搏

中国乒乓球队的爱国主义精神,尤其体现在对每一场球、每一分球的拼搏中。过去,有些队员比赛中一旦落后就丧失了斗志,轻言放弃。在赛后总结中,有人批评这种观念,说:"你不要这一分球,祖国人民还要这一分球。"③从此,这句话成了中国乒乓球队的警句。如今,这句话已经升华到"我要这一分,祖国人民更要这一

① 徐寅生.中国乒乓精神[M].北京:线装书局,2002:13.
② 李玲修、王鼎华.乒乓中国梦——走进蔡振华团队[M].太原:山西教育出版社,2013:56.
③ 徐寅生.中国乒乓精神[M].北京:线装书局,2002:18.

分"。运动员们把个人奋斗的目标和祖国荣誉高度统一起来,爱国主义精神会激发出为国拼搏的无限勇气。曾 7 次夺得世界冠军的刘伟说:"每当想到我背后有全世界最多的人民在为我加油,我便感到浑身都是力量。"[1]在国际赛场上,升国旗、奏国歌是每一个运动员的最大的自豪和荣耀。为这一刻,之前所有的付出都是值得的,因为他们为祖国赢得了荣誉,为祖国而骄傲! 在 2019 年的世乒赛上,马龙在获得冠军后,接受采访时说:"这场比赛不仅代表自己,更代表球队,代表中国。我希望赢得比赛,更希望赢得尊重。I am made in China!（我是中国制造!）"这种为国争光的自豪之情溢于言表! 中国乒乓球队就是一支具有高度爱国主义精神的战斗集体,祖国的荣誉高于一切的思想意识,增强了运动员为国拼搏的使命感,他们把每一场球、每一板球都看成为国争光的机会,所以才能捷报频传,在国际乒乓球运动史上保持长盛不衰的战绩。

更为可贵的是,中国乒乓球队的"胸怀祖国、为国争光的爱国主义精神",不只是体现在个别人身上,而是成为一种历久不衰的团队精神。中国乒乓球队的爱国主义精神,不是自发地产生的,是不断地进行爱国主义教育的结果。

中国乒乓球队的爱国主义教育,从不走形式、走过场,而是持之以恒地开展。每个队员从进队的第一天起,到参加重大的赛事之前,都要进行这方面的教育。球队的爱国主义教育有很强的针对性,会根据队员的不同时期的特点,科学地安排爱国主义教育的内容。例如,组织全队进行军训,参加天安门广场升旗仪式,前往革命老区参观学习,帮助贫困地区失学儿童等,通过这些活动,教育队员树立爱国主义思想,以不怕辛苦、顽强拼搏,胸怀祖国、放眼世界的雄心和壮志,奋力争取每一场比赛的胜利,为祖国赢得荣誉。

三、同心同德、团结协作的集体主义精神

（一）荣誉属于集体

1961 年,第 26 届世乒赛在北京工人体育馆举行,这是新中国举办的第一个国际体育盛会。这届比赛中,中国乒乓球队夺得男子团体、男子单打和女子单打 3 枚金牌,这也是中国乒乓球队第一次夺得男子团体赛冠军,中国队全面登上了

---

① 徐寅生.中国乒乓精神[M].北京:线装书局,2002:21.

图 3 - 4　1961 第 26 届世乒赛,男团夺冠

世界高峰。当时,我国正处于 3 年困难时期,国家乒乓球队的成功,令全国人民欢欣鼓舞,极大地激发了人们战胜困难的信心。

赛后,男团冠军队成员、男单冠军获得者庄则栋由衷地说:"我是代表集体领奖的。成绩归功于党、归功于人民。"[1]这并不是谦虚,是实话实说,因为冠军的获得确实是集体共同努力的成果。让我们一起来看一看第 26 届世乒赛的几个事例。

为了备战第 26 届世乒赛,在贺龙元帅的亲自指挥下,国家体委搞了一场乒乓球大会战。从全国选出 170 多名运动员,编成 4 个队,分别在北京、上海、广州等地集中训练。然后经过 3 次选拔赛,又选出 108 名运动员组成国家集训队,于1960 年 12 月云集北京。这支集训队,后来被称为"108 将",为了一个共同的目标,他们走到了一起。

1960 年 11 月,匈牙利队来华,老将西多告诉中国队,几个月前,他和别尔切克及南斯拉夫选手联袂访问日本,被日本队的弧圈球技术弄得一筹莫展、溃不成军。不久,日本新闻媒体扬言,日本队将用这"秘密武器"再度称霸世界乒坛。日本队的新动向,引起中国乒乓球界的注意。正巧,日本队要访问香港,中国队的教练庄家富专程赴香港火线侦察。这时离比赛开幕仅剩下三四个月。要对付弧圈球,首先要知道弧圈球是什么东西、谁能拉弧圈球,才能帮着主力队员训练。在此

① 徐寅生.中国乒乓精神[M].北京:线装书局,2002:36.

紧要关头,108 将中的薛伟初、胡炳权等老队员挺身而出,表示为了祖国的荣誉,宁愿放弃参加世乒赛的选拔,也要学会弧圈球,帮主力队员训练。正是他们这种甘当铺路石的精神,感染带动了一批年轻队员,也毅然加入了拉弧圈球、甘当陪练的行列。"中国产"的弧圈球选手们,每天陪练,做到了"随叫随到,百炼不厌"。这些无名英雄是很辛苦的,每天要甩臂转腰千把次,他们把胳膊都拉肿了,却一直坚持着,从不叫苦。试想,如果没有这些"无名英雄",又怎能有中国队员对日本选手的胜利? 中国乒乓球队世界冠军的宝塔,就是通过这种"同心同德、团结协作的集体主义精神"堆积起来的。冠军是团结的象征,是集体的荣誉。

(二) 个人与集体共成长

如果说,在 20 世纪五六十年代,以国家利益为最高利益的集体主义精神容易确立,而在改革开放之后,一种强调以个人为中心的极端个人主义的思想影响了人们对集体主义的正确认识。有人认为:"现在的年轻人更加崇尚个性,更加注重自我的发展,集体主义精神的弘扬已经不合时宜了。"这种把集体主义看作是对个人的压制、对个性的束缚的观点,是与集体主义的本意相违背的。事实上,正是集体主义为培养个人的健全人格、鲜明个性提供了道义保障。当个人利益与国家利益、集体利益发生矛盾冲突时,运动员抛弃个人的得失,选择为国家付出,为集体付出时,他们所收获的将远远大于个人的回报。

中国乒乓球女队队员何卓佳,在 2018 年荣获国际乒联世界巡回赛总决赛单打亚军。她取得这样的成绩实属不易,因为在 2016 年之前她还只是中国乒乓球女子一队的陪练队员。备战里约奥运会时,队里安排当时成绩并不算好的何卓佳改变打法,模仿日本队福原爱,帮助参赛队员训练。要放弃打了 10 年的生胶打法,何卓佳不仅要克服自身的困难,还要面对周围人对她能否胜任的质疑。更大的痛苦是何卓佳认为自己从苗子队员变为"陪练",思想上怎么也转不过这个弯。在刚改打法的第一个月里,她每天训练完都要找教练哭诉,教练朱文韬每天不厌其烦地反复做她的思想工作。何卓佳已经不记得在改打法的过程中哭了多少次,但在中国乒乓球队强大的集体主义精神影响下,她内心是自豪的,因为深知自己在为里约奥运会队伍夺金做贡献。里约奥运会中国女队夺金摘银,何卓佳功不可没。

中国乒乓球队重视集体主义的教育,通过各种形式开展对运动员的团队意识、大局观念、奉献精神的教育,同时注重保障运动员个人正当利益的实现,并通过相应制度给予落实。

　　在我们的工作和生活中,难免会遇到个人利益和国家利益、社会整体利益发生矛盾的时候,集体主义精神引导我们应当以大局为重,使个人利益服从国家利益,在必要时作出牺牲。但这种牺牲并不是任意的,只有在不牺牲个人利益就不能保全国家利益的情况下,才要求个人为国家利益作出牺牲。归根到底,维护国家、社会的共同利益,最终也是为了维护个人的根本利益和长远利益。对于集体主义来说,只有个人的价值、尊严得到实现,个人的正当利益得到保证,集体才能有更强大的生命力和凝聚力。

(三) 团队的战斗力

　　1995 年 5 月 1 日,第 43 届世乒赛在天津举行,这是我国继 1961 年承办第 26 届世乒赛后第二次承办世乒赛。这届比赛上,中国乒乓球队再次夺取全部 7 项冠军。尤其是中国男队,时隔两届之后重新夺回了男团冠军。赛后,记者采访教练蔡振华:"中国男队夺回斯韦思林杯靠的是什么?"他回答说:"团结和士气。"[①]他认为教练员和运动员们,是依靠发扬精诚团结、同心同德的集体主义精神才取得成功的。

图 3-5　1995 年,第 43 届世乒赛,中国男团时隔 6 年,重夺斯韦思林杯

---

① 李玲修,王鼎华.乒乓中国梦——走进蔡振华团队[M].太原:山西教育出版社,2013:56.

备战第 43 届世乒赛男帮女的队员王志军说："一批运动员能当世界冠军的只有几个,我们当不了世界冠军,能为有希望当世界冠军的人实实在在地作出一点贡献,这也是很难得的机会,我们很珍惜。"①这朴实的话语,道出了中国乒乓球队队员们的一个共同心声:不管谁获得冠军,只要是中国队的就行。正是在这种思想的影响下,队内没有门户之见,谁有主意就出,谁有高招就学,大家都只有为祖国争得荣誉这一个目标。确切地说,中国乒乓球队称雄世界,并不是靠哪几个人的功劳,而是靠一个强大的集体。在这个集体中,不仅有夺金摘银的运动员,运筹帷幄的教练员,还有那些默默无闻的陪练、队医和科研人员。

在第 43 届世乒赛成功经验总结过程中,男女队都对科研工作对备战和实践的重要作用给予了充分的肯定。科研人员在备战期间一直随队开展工作,整理、提供备战中运动员的训练和比赛的数据资料,编排主要对手的录像和技术档案,其内容之繁杂,工作量之大,都是非常惊人的。在大赛期间,随队医生为了使每位队员都能得到及时治疗,每晚都要工作到午夜以后。

时至今日,中国乒乓球队是中国体育界夺取世界冠军最多的集体。中国乒乓球队把一个单项项目练成了一个集体项目,所以,我们的对手在与我们的比赛中,感受到不是在与一个人比赛,而是在与一个团队作战,这就是集体主义精神的体现。无怪乎外国选手惊叹:"我们与中国队员对阵,总感到面对的不是一个人,而是强劲的一群人,即使出得了这条线,也过不了那道关。"②我国的"乒乓小世界"是用同心同德、团结协作的集体主义精神铸造的。中国乒乓球队这个英雄的集体,正是靠着集体主义的凝聚力,才形成强大的战斗力,取得一次又一次辉煌的成绩。

中国乒乓球队战胜对手绝不仅仅是因为技术的强大,而是"祖国荣誉高于一切"思想意识和境界。爱国主义情怀和集体主义精神已融入中国乒乓球队每一个人的血液和骨子里,所以,中国乒乓球队的成功绝不是偶然的,而是必然的!

四、勇攀高峰、不断钻研的创新精神

(一) 创新是发展的主线

在世界乒乓球运动 100 多年的历史中,创新是一条贯穿其中的主线。20 世

---

① 国家体育总局《乒乓长盛考》研究课题组.星光灿烂 40 年:乒乓文萃选[M].北京:人民体育出版社,2002:239 - 240.
② 宋绍兴,王玉峰,宋子夷等.论"乒乓精神"及其社会价值[J].体育学刊,2010(12):56.

纪初,当时的匈牙利队将英国人库特发明的胶皮拍运用到实践中,创造了以削为主的新打法,从 1926 年到 1951 年,匈牙利在世界乒坛上保持优势达 25 年之久。

但是,到 20 世纪 50 年代初,日本人运用海绵拍创造了中远台长抽打法,从欧洲人那里夺取了优势。到了 20 世纪 50 年代末 60 年代初,中国乒乓球运动员以近台快攻崛起于世界乒坛,占据了世界领先的位置。

回望世界乒坛的历史,中国深知,要想长久保持世界领先的优势,就需要吸取匈牙利和日本的经验教训,不能吃老本,要不断创新。

为什么乒乓球运动要不断创新呢? 简单说来,原因大概有两个。

首先,乒乓球作为一项竞技运动,它本身是有内在规律的。当人们最初观看乒乓球比赛的时候,看到场上运动员跳跃腾挪,乒乓球四处乱飞。似乎觉得这里没什么规律,其实,这些都不是随意为之,而是有意控制的。为了更好地控制,就需要不断探索和运用乒乓球运动规律,这个过程是靠创新推进的。回顾乒乓球运动的历史,可以得出这样一个结论,谁能掌握世界乒乓球运动的发展规律——更快、更转、更准、更狠、更富有变化,谁便能抢占主动,夺得最终的胜利。这就是中国乒乓球队对乒乓球运动持续上升发展的规律把握。如果说,对于国家的经济发展和综合国力的提高而言,创新是第一生产力。那么对于乒乓球运动的发展和提高而言,技术创新就是第一战斗力。"在激烈的国际竞争中,唯创新者进,唯创新者强,唯创新者胜。"[1]今天,获得世界乒坛的新优势越来越集中体现在创新能力上,创新就是一项运动的核心竞争力。

第二,在世界乒乓球运动的竞技场上,创新数量与金牌数量具有高度的正相关关系,哪一个国家的创新最多,它所获得的金牌就会最多。目前为止,中国是世界乒乓球运动中创新数量最大的国家,金牌获得数量也最多。据不完全统计,1926 年至 2001 年间,世界乒乓球运动共有 46 项技术和打法的创新,其中的 27 项属于中国,占总数的 58.7%。在此期间,中国乒乓球队夺得了 100 多个世界冠军。[2]

中国乒乓球队的成长过程证明:大胆创新,赢得胜利;缺乏创新,导致失败。锐意进取、创新已成为中国乒乓球运动的优良传统,不断创新是中国乒乓球队长期立足于世界巅峰的根本遵循。

---

① 习近平.习近平谈治国理政(第 1 卷)[M].北京:外文出版社,2018:59.
② 张鲲,王栋,石娟.创新与竞技水平的关系研究[J].四川体育科学,2012(03):3.

(二) 创新是制胜的法宝

中国乒乓球队的世乒赛夺金历程,有过几次登峰,每一次的成功都与创新密不可分。中国乒乓球队"勇攀高峰、不断钻研的创新精神"的形成,是几代中国乒乓球人历经曲折塑造出来的。

第一次登峰,是在第 25 届世乒赛上,容国团获得了男子单打世界冠军,中国队自创的直拍、近台、快攻打法,也让世人耳目一新。

总结容国团的经验,中国乒乓球队把"快、准、狠、变"这 4 个字,作为直拍快攻打法的指导思想。当时,世界乒坛弧圈球打法还没成型,旋转威力还没被充分发现和利用,这种技术理念的提出,可以说是非常高明的。

又经过两年的努力,在北京举行的第 26 届世乒赛上,直拍快攻打法成了中国队的法宝,中国队也因此荣获了男子团体、男女单打 3 项冠军。从此,中国的直拍快攻打法,给世界乒乓球技术的发展,带来了一次新的飞跃,也对中国队在第 27、28 届世乒赛上连续获得团体冠军起了极大的作用。

之后,在缺席了 1967 年和 1969 年两届世乒赛后,中国乒乓球队决定参加 1971 年第 31 届世乒赛。可是,中国队发现世界乒乓球技术已发生了很大的变化,欧洲东山再起,凭借旋转和快攻结合的两面全攻型打法,向以中国和日本为代表的亚洲发起了新挑战。

中国的直拍快攻打法优势不再,接下来该怎么办?

为此,中国乒乓球界展开了第二次理念大讨论。当时,主要有两种观点:一种认为中国的直拍还是要坚持"快、准、狠、变"的技术理念,苦练对付弧圈球的本领,功到自然成——这听起来很有道理,但谁都清楚难度相当大;另一种观点主张,学习国外的弧圈球先进技术,在"快、准、狠、变"的技术理念后面再加上一个"转"字。大家不要小看仅是简单加一个"转"字,在当时的乒乓球界却引起了轩然大波。反对的有,告状的有,上纲上线的也有,攻击这种理论为"洋奴哲学"。

但是,这些干扰并没能阻挠中国乒乓球队的探索,他们力排众议,坚持实践是检验真理的唯一标准,开始了又一次的登峰。

尽管创新的理念已被提出,可真的实践起来,并不是一件容易的事情。要想实现"转",必须正胶改反胶。如果开始培养这种打法的小运动员,成材的周期太长。另一个办法是从现有的一线队员中物色人选,但这是存在风险的。如果成功,他将脱胎换骨,假如失败,则将功亏一篑。该怎么办呢?

经过慎重的分析比较,选中了队员郗恩庭。他参加 1971 年名古屋世界乒乓球锦标赛时,获得过男子第三名,并且他能用正胶拉弧圈球。

当教练徐寅生提出让他改反胶打法时,他很是抵触,他说:"这不等于拿我做实验吗? 我都 25 岁了,一切还要从头开始,怎么可能?"直到一年后访欧,他意外地输给瑞典选手约翰逊,才促使他下定决心改反胶。然而,改的过程并不顺利。他努力改了几个月后,参加比赛却打谁都输。被队友笑称为"四不像"。

这反倒激励了郗恩庭,他卧薪尝胆、埋头苦练,技术有了明显进步。在第 32届世乒赛上,他再次迎战约翰逊,取得了胜利,获得男子单打冠军。当时,教练徐寅生激动得满脸通红,上去握着他的手说:"你帮我打出了发言权!"

中国乒乓球队承受巨大压力的改板创新成功了,"快、准、狠、变、转"的指导理念得到了乒乓球界的认可。这次郗恩庭的成功,带动了一批年轻运动员效仿。郭跃华、曹燕华、齐宝香等直拍反胶快攻手纷纷脱颖而出,成了新一代世界冠军。中国队也从此走上了一条愈发艰难的创新再创新之路。

(三) 创新才有生命力

1981 年的第 36 届世乒赛,中国队首次囊括 7 项世界冠军,再登高峰。随后第 37、38、39 届世乒赛又各得 6 项金牌,令其他国家望尘莫及,中国乒乓球界迎来了人人称道的大好形势。这也使中国乒乓球队对潜伏着的危机认识不足,创新力度不大。反观欧洲,技术上却有了很多新的改进。中国队因为创新趋缓,乒坛优势也随之悄然地逐步消失。当时,已有有识之士对中国队发出警报:狼来了!

危机再次来临。

1989 年,第 40 届世乒赛,中国男队成绩全面下滑,连续失去团体冠军、单打冠军、双打冠军、混双冠军,仅获得男团亚军及 3 个单项的第三名。然而,成绩滑坡并没有到此为止。两年之后,第 41 届世乒赛,中国乒乓球队再次失去男团、女团、男单、男双冠军,男子团体名次竟然跌至第七名。形势已经很明显:中国乒乓球男队面临着史上最严峻的考验,中国女队也显露危机。

中国乒乓球队,因为创新,赢得了一次又一次胜利;又因为忽略了创新,导致了滑铁卢般的失利。此时中国队更加清楚地认识到:唯有创新,才有出路,要永远保持创新意识。

中国队决心——"从零开始"开启再次登峰之路。

可是,路在何方呢?

时任总教练的许绍发苦苦思索,他想起了女队员葛新爱偶尔会用的反面攻球,于是他有了一个大胆的设想:在直拍另一面贴上海绵胶来进攻。经过初步试验,他与国家体科所的研究员吴焕群联名提出:直板打法,反手运用球拍反面进攻,也就是现在大家所熟知的"直拍横打"。此倡议一经提出,就遭到很多人的反对,认为简直就是开玩笑!

但中国乒乓球界创新的决心是难以动摇的,他们预见了这项创新的潜能,于是,着手在中国青年队找了一批运动员开始试训,刘国梁就在其中。在主教练蔡振华和教练尹霄的悉心培育下,刘国梁逐步掌握了这种新技术,并且还自己摸索出一些新的打法。

1992年,成都公开赛上,16岁的刘国梁亮出了自己的秘密武器,把乒坛名将瓦尔德内尔打得晕头转向,21分制的比赛两局仅得19分。当输掉最后1分时,一直搞不清直板背面怎么可以打球的他,一反从容之常态,气得把自己的胶皮撕下来抛向空中。比分的悬殊加之瓦尔德内尔的失态,让刘国梁一夜成名。他从1995年天津第43届世乒赛开始连夺多项冠军,成为中国第一个获得"大满贯"的选手。中国乒乓球队,也从第43届世乒赛再创勇夺7块金牌的佳绩开始,重新走上了辉煌。

回顾历史,可以得出这样一个结论:"创新才有生命力"。要想长久保持世界领先的优势,就需要不断创新。可以说,乒乓球运动的发展史,就是一部创新的历史。中国乒乓球运动自身的奋斗历程,也证明了一点:唯有创新才有出路,只有坚持弘扬"勇攀高峰、不断钻研的创新精神",才能保持领先,才能创造出新的辉煌。

五、发愤图强、自强不息的拼搏精神

中国乒乓球队是精兵强将、群星荟萃的团队,先后培养出了9名"大满贯"选手,占全世界的90%。大家一定非常好奇:这些优秀的运动员,是如何培养出来的呢?

前辈的成功案例就不列举了，我们可以分析一下中国乒乓球队新生代主力军的成长之路。

（一）马龙：自胜者强

2006年不莱梅世乒赛，是马龙参加的第一个世乒赛团体赛。也就是从这届世乒赛开始，中国乒乓球队将大赛前的队内选拔赛，搞成了公开"直通"的形式。马龙在2006年"直通不莱梅"选拔赛的第一阶段冲进前5，第二阶段他在与陈玘的比赛中左脚外侧意外拉伤，治疗后他再度上场，但是最终输掉了那场比赛。在观众眼里，马龙能够带伤坚持打完比赛，已经是坚强的勇士了。

中国乒乓球队对队员的要求是高标准、严要求。在赛后的全队总结中，当时还是主教练的刘国梁面对直播镜头，也就相当于在全世界人民的面前，严肃地批评了马龙。他举了2000年悉尼奥运会男单决赛孔令辉受伤后忍住伤痛击败瑞典老将瓦尔德内尔的例子，来教育马龙。其中最让人难以忘记的一句话是："比赛中，手伤，脚伤了，脑子没有伤，思想没有伤，所以我们队员必须顶住，在对手面前不能体现出你很痛苦，不能让对手看出你有顾虑。"[①]

中国乒乓球队的训练传统是"三从一大"——从难、从严、从实战需要出发，进行大负荷的科学系统训练。要求每个队员都要从难、从严要求自己，这种标准的严格程度有时可以说近乎残酷。

当时大循环已经接近尾声，最后一天马龙一瘸一拐地走到集合的队伍中，刘国梁还特别对他提出要求：希望马龙能在精神面貌上有起色，要特别想一些行之有效的战术和对手周旋，不能随随便便输掉比赛。

这一天的马龙做到了，他苦战7局赢了马琳。

最终马龙凭借"直通不莱梅"比赛中不俗的表现入选世乒赛参赛阵容，不到18岁就加冕了世界冠军。他在世乒赛团体赛中的磨炼，也从这一年起正式开始。

2010年，马龙在莫斯科世乒赛中出战了重要场次，决赛由他打响中国队的第一枪。当时中国男乒面临着有些尴尬的局面：老臣马琳和王励勤功力已近极限，中坚王皓发展势头减缓，强势马龙几次大赛单打冲顶未果，新人许昕和张继科尚

---

① 马龙："咸蛋超人"的世乒赛青涩记忆[EB/OL].(2020-03-24). https://new.qq.com/rain/a/20200324A0OA5I00.

缺大赛磨炼。

在决赛中,马龙首场苦战 5 局输给了蒂姆·波尔。马龙的第一次出战团体赛决赛就以不完美收场,那一刻对于追求完美的马龙来说是很残酷的。

赛后马龙说,这次比赛唯一的遗憾就是输给波尔。他说:"虽然世乒赛我已经打过两次了,但关键时刻上场这还是第一次。我心思比较重,想得比较多,第一次打关键场次,我特别希望自己能有个很好的发挥,可能也因此背上了不必要的包袱。我觉得这对自己来说是一个坎儿。"①

2014 年的东京世乒赛,马龙在决赛场上碰到蒂姆·波尔。前两局,马龙大比分领先,第三局被波尔纠缠住,出现了和 2010 年相似的局面。所不同的是,这一次,马龙直落三局战胜了波尔。马龙赢得了比赛,也战胜了自己,他更加自信了。

2018 年,瑞典世乒赛,决赛首盘,马龙对阵德国队的蒂姆·波尔,面对这位非常熟悉的世乒赛团体赛决赛对手,马龙直落三局再次获得胜利。赛后教练刘国正谈起马龙时说:"马龙是男队队长和核心,更是精神领袖,带领男队在比赛中不畏强敌敢打敢拼,有困难的时候他一定是冲在最前面,他真的是非常伟大的球员。"②

(二) 丁宁: 赛场不相信眼泪

丁宁第一次参加世乒赛团体赛是 2010 年的莫斯科世乒赛,决赛中丁宁打头阵,对阵新加坡的冯天薇。在那场比赛之前近一年的时间里,两人的交手非常多,而且都是丁宁获胜。但是,决赛场上,丁宁还是感到了紧张,结果第一场她输给了冯天薇。

丁宁在场边上看队友打比赛,当她看到刘诗雯第二场也输了的时候,整个人都傻了,她觉得特别对不起队友。刘诗雯回忆说,当时丁宁站在场边,已经是眼泪含在眼眶里了。整场比赛结束后,中国队 1∶3 负于新加坡队,丁宁的眼泪也终于落了下来。

两年后的 2012 年,多特蒙德世乒赛举办。丁宁在那次比赛中又是打头阵,出场前她谨慎的模样让人记忆深刻。她和主管教练陈彬坐在场馆大堂座椅上,两人

---

① 马龙专访忆莫斯科世乒赛历程[EB/OL].(2010 - 07 - 10).https://sports.sohu.com/20100710/n273410050.shtml.

② 刘国正: 能夺冠马龙功不可没[EB/OL].(2018 - 05 - 07).https://www.sohu.com/a/230659415_114977.

都没有说话,丁宁戴着耳机专注地看着眼前的桌子,表情严肃。

决赛中,丁宁首盘出战对阵冯天薇,和两年前是一模一样的开篇。不同的是,这次丁宁抱着必胜的决心,她说:"我知道第一场很难,我要打出气势。"最后丁宁3∶1战胜冯天薇,她蛰伏两年终于用胜利证明了自己。

丁宁的奋斗之路还在继续,她对自己提出了新的挑战,她逼迫自己进行技术改革。每当遇到困难,丁宁就会把之前遇到的"坎儿"看作重新发起挑战的动力,她说,"在和困难斗争的过程中,我发现自己的潜力是无限的"。

她的主管教练陈彬感触最深的就是丁宁的思想变单纯了,她不会想以前的比赛、压力和竞争,她站到赛场上就只想赢球。在战场上,不想当将军的士兵不是好兵;那么,在竞技场上,不想赢球的运动员也不能成为优秀的球员。

2016年吉隆坡世乒赛,丁宁继莫斯科和多特蒙德后,再次成为女乒第一个亮相的队员。当赛前被记者问到在莫斯科世乒赛上失利的问题时,丁宁回答说:"当时输球是因为年轻,犯了一些错误。虽然赛后我经历了一段时间的低迷和痛苦,但现在想来那段成长经历对我来说非常宝贵。"

接下来的决赛中,中国女队战胜日本队,获得2016年第53届世乒赛女子团体冠军。这是中国女队第20次获得该项目的冠军。距离1965年第28届世乒赛上我国第一次获得女子团体冠军,时间已经整整过去了51年。

(三) 勇于拼搏,不断超越

国家队原主教练蔡振华说:"敢不敢主动打破平衡,超越自我,成为关系到能否保持我队已有优势的关键。"[①]这句话是对中国乒乓球队运动员不断拼搏、不断超越自己的最简略的概括和总结。

赛场上,是两种竞赛同时进行的,一种是赛技术,一种是赛思想。有人认为打球主要靠的是技术和战术,技术不过硬、战术不合理,肯定是要失败的。这一点,当然也是对的。但问题是,技术怎样才能过硬呢? 战术怎样才能合理呢?

徐寅生同志曾经说过:"技术问题倒不大,打球主要打的是思想,就怕思想跟不上。"[②]这里的思想,他指的就是要有敢于胜利、敢于斗争的决心,敢打敢拼、积极主动的精神风貌。李富荣同志也说过:"我们这些运动员技术上出岔子的时

---

① 徐寅生.中国乒乓精神[M].北京:线装书局,2002:195.
② 国家体育总局《乒乓长盛考》研究课题组.星光灿烂40年:乒乓文萃选[M].北京:人民体育出版社,2002:306.

候是不多的,一般情况下岔子都出在思想上。技术上的岔子也往往是从思想上引起的。乒乓球这东西太快,一分钟要打几十个来回。在这当中还要变换技术,寻求对策,脑子里哪怕有一点杂念都要输球。"①这两位乒乓球资深教练的执教经验,透露了一个重要信息:运动员的思想素质培养非常重要。中国乒乓球队培养运动员的做法是,以思想挂帅,塑造队员们团结一致、顽强拼搏、奋发有为的精神状态,以强大的精神意志来支撑日常的刻苦训练和克服比赛的竞争压力。

新中国成立初期,我国乒乓球运动的底子薄、技术弱,运动员在技术水平上与外国选手有很大的差距。中国乒乓球队之所以能够在这么短的时间内,赶上直至超过那些有几十年经验的国家,最重要的原因之一,是我们把思想政治工作渗透到训练中,落实到技术上,在解决技术问题时,坚持思想领先原则,以辩证唯物主义指导业务。

1960 年到 1961 年是新中国乒乓球运动大发展的两年,也是思想上空前活跃的两年。中国乒乓球队努力弘扬"敢于斗争,敢于胜利"的精神,制定了自力更生、发愤图强的发展方针,把提高运动员的思想水平和技术能力作为训练的目标。这些思想方针落实到实际行动上,就表现为勤奋苦练。乒乓球队强调为革命而打球的重要意义,指出长期坚持勤学苦练是攀登世界高峰的唯一途径,反对"骄、娇"二气,提倡脚踏实地,扎扎实实练好基本功,一步一步提高,努力掌握尖端技术。这为运动员能以高度的自觉对待长期艰苦的训练提供了思想支柱。运动员们每日进行大量的运动训练,在意志品质、技术战术和身体等方面锻炼、提高自己。庄则栋、林慧卿对一个球常常打几百板、上千板。以巧闻名的徐寅生,也是千百次挥拍苦练出来的,由于日积月累的磨炼,他的球拍已经磨出了一道槽和两个指坑印;手指磨起泡,贴上胶布再练;脚掌结茧,垫上海绵再练;练得精疲力竭时,以"再坚持一下"的精神,尽可能多打几拍。②

人们在比赛中看到这些选手高度精确的击球动作,在惊险的情况下,不走样、不变形,正是因为他们不厌其烦地重复练习,点点滴滴提高,从而逐步形成准确的技术定型。他们在比赛中的胜利信心建立在过硬的技术上。他们过硬的思想,又使得优良的技术得到最充分的发挥,从而最大限度地保证了胜利。

---

① 国家体育总局《乒乓长盛考》研究课题组.星光灿烂 40 年:乒乓文萃选[M].北京:人民体育出版社,2002:307.
② 国家体育总局《乒乓长盛考》研究课题组.星光灿烂 40 年:乒乓文萃选[M].北京:人民体育出版社,2002:82.

经过以上一系列的准备,中国乒乓球队迅速成长起来,第26届世界乒乓球锦标赛,一举夺得了男团、男单、女单项目的3个冠军。

胜利是可喜可贺的,但是夺冠军不易,保冠军更难。在1963年举行的第27届世乒赛上,如何保持胜利、扩大胜利成了中国乒乓球队的主要任务。中国乒乓球队确立了"走自己的路"的工作原则,即一切先进经验、先进技术都需要学习,但是学习不是机械地照搬、照抄,不是跟在别人后面亦步亦趋,学习是为了创造,要创造属于中国队自己的技术风格和训练方法。在这个时期,中国乒乓球队大大加强了"自强不息"的思想工作,激励运动员发愤图强、苦学苦练精湛的技术。在第27届世乒赛中,中国队又取得了重大突破,男子队首次囊括了男团、男单、男双3项冠军。

70年来,中国乒乓球队正是在发愤图强、自强不息的拼搏精神的激励和鼓舞下,夺得了一个又一个的胜利。更为可贵的是中国乒乓球队为国拼搏的精神,不只是体现在个别人身上,而是成为一种历久不衰的团队精神。

在天津举行的第43届世乒赛,是中国乒乓球队全面打翻身仗的精彩一役。在这之前,斯韦思林杯已经与中国男队阔别6年,这一次能否把失去的奖杯夺回来,是中国队面临的最大考验。

曾多次获得男团冠军的王浩一直在国外俱乐部打球,在第43届世乒赛前夕,他听从国家队召唤,回国参加备战训练,每日与年轻选手一起苦练。最后因肘伤有的项目未能参赛,但他这种为国拼搏的精神值得称赞。

与王浩一起被召回国的还有马文革,他曾是我国男队一号种子选手,并在第2届乒乓球世界杯赛上夺得过男子单打冠军。当得知中国队需要高水平选手陪练,他毅然放弃了国外俱乐部的工作,及时回到了祖国,心甘情愿地当起了孔令辉的陪练。他严肃认真、一丝不苟的陪练态度,使许多人非常感动。马文革说:"虽然我过去是主力,是一号,位置很高,也很想参加奥运会,但毕竟要服从大局需要。"[1]他所说的大局就是乒乓球事业,就是祖国的荣誉。正是这种为国拼搏的精神,成为乒乓精神的核心,鼓舞着乒乓运动员们时刻以国家利益为第一生命,去不断夺得新的胜利。

一代一代的中国乒乓健儿们,高扬着胸怀祖国、为国争光的爱国主义精神,同

---

① 徐寅生.中国乒乓精神[M].北京:线装书局,2002:15.

心同德、团结协作的集体主义精神,勇攀高峰、不断钻研的创新精神,发愤图强、自强不息的拼搏精神,不断地从成功走向新的成功,他们用青春和奋斗谱写了中国乒乓事业的辉煌。

中国乒乓精神是中国精神的写照,也是中华民族的宝贵精神财富。它能为中华民族伟大复兴,提供凝心聚气的强大精神力量,也能为每一个有追求的人提供精神的指引。

（陈　彬　马　焕）

思考题

1. 人无精神则不立,国无精神则不强。结合中国乒乓球队的奋斗历程,谈谈为什么中国乒乓精神是中国乒乓球运动长盛不衰之魂。

2. 当今世界的竞争说到底是人才竞争、教育竞争。结合相关调查研究,谈谈中国乒乓球运动是如何不断改革创新走在世界前列的。

参考文献:

［1］徐寅生.中国乒乓精神[M].北京：线装书局,2002.

［2］国家体育总局《乒乓长盛考》研究课题组.星光灿烂40年：乒乓文萃选[M].北京：人民体育出版社,2002.

［3］李玲修,王鼎华.乒乓中国梦——走进蔡振华团队[M].太原：山西教育出版社,2013.

［4］荣高棠.荣高棠体育文论选[M].上海：华东师范大学出版社.1992.

［5］梁言,王鼎华,袁虹衡.国球传奇[M].太原：山西教育出版社,2013.

第四章　中国乒乓与文化自信

导语

　　习近平总书记在中国共产党第二十次全国代表大会上强调：全面建设社会主义现代化国家，必须坚持中国特色社会主义文化发展道路，增强文化自信，围绕举旗帜、聚民心、育新人、兴文化、展形象建设社会主义文化强国，发展面向现代化、面向世界、面向未来的，民族的科学的大众的社会主义文化，激发全民族文化创新创造活力，增强实现中华民族伟大复兴的精神力量。常言道："文以载道，成风化人。"作为舶来品的乒乓为什么能成为国球，并继而成为中华体育精神和体育先进文化的杰出代表呢？其从引进来、站起来到强起来的发展历程中，究竟是如何体现"文化自信"的呢？

一、中国乒乓勇于赶超的自信

　　要真正领略一个运动项目的魅力，不仅要学会欣赏其技战术要领，更要学会领悟它的文化内涵。要做到以上两点，最好的方法是了解这个项目的发展历程。因为在这个过程中的荣辱得失，历史事件与人物的交相辉映，从谷底到巅峰的颠簸起伏，是帮助我们认识其项目文化内涵最为简单也是最为有效的方法。下面就让我们一步步从文化自信的视角重温中国乒乓引进来、站起来、强起来的伟大历程。

(一) 中国乒乓的文化价值

　　回顾中国体育史，体育始终承载着国家强盛、民族振兴的不竭梦想，见证了中华民族的崛起与腾飞。加强体育文化建设，弘扬中华体育精神，对推进社会主义核心价值体系建设具有重要意义，是体育工作者的神圣使命。2015 年，国家体育总局下发了《关于进一步加强运动项目文化建设的通知》，提出促进以运动项目文化为核心的体育文化建设，推动我国从体育大国向体育强国迈进。要求各部门和各单位在不断提升竞技体育成绩的同时，注重运动项目文化的打造，挖掘运动项目文化和历史，弘扬中华体育精神。

2019 年 8 月国务院办公厅发布的《体育强国建设纲要》中进一步指出，要努力将体育建设成为中华民族伟大复兴的标志性事业。体育作为在中华民族发展过程中通过身体活动认识世界、改造世界、调节自身情感、协调群体关系的特殊文化，一直滋养着全体国民的身心，给予我们生生不息的自信与力量。步入 21 世纪的中国体育事业，已经摆脱了金牌至上的旧时代，迎来了全民健身、竞技体育、体育产业和体育文化"四轮驱动"的新时代。但时至今日，如果我们问国人：中国体育的哪个项目带给我们最多的自信和骄傲？我想这个答案一定是：乒乓球。有国球之称的乒乓球运动，自 1959 年容国团为我国赢得第一个世界冠军以来，经历了半个多世纪的辉煌，孕育出独特的乒乓文化，已成为中国体育文化中最为闪亮夺目的一颗明珠。

走进新时代，开启新征程，我们更应不忘本来，面向未来。只有深入挖掘中国乒乓的革命文化传统和民族文化底蕴，不断赋予乒乓文化新的时代特征，才能进一步树立并巩固中国乒乓文化自信，在实现中国梦的伟大征程中更好地发挥示范引领作用。

首先，要注意挖掘中国乒乓文化的深厚底蕴。一方面，中国乒乓人过硬的思想作风已成为组织文化的一部分。从容国团喊出"人生能有几回搏！此时不搏更待何时？"到"胸怀祖国、放眼世界""祖国的荣誉高于一切""无私奉献甘当铺路石""胜了从零开始，败了打翻身仗"……这一句句口号体现的正是中国乒乓革命文化的精髓。另一方面，无论顺境还是逆境，他们总能保持乐观向上、开拓创新，总能取长补短、顺应规律、精业勤业，在岁月和时代的变迁中传承并发展中华民族勤劳勇敢的精神气质。

其次，要积极发挥中国乒乓文化的强大信心支撑。中国乒乓文化，既植根于中华民族五千多年文明历史所孕育的中华优秀传统文化，也熔铸于党领导人民在革命、建设、改革中创造的革命文化和社会主义先进文化，在中国特色社会主义的伟大实践中具有旗帜性的引领和示范作用。随着社会不断进步发展，我们的文化和体育事业迎来新的改革创新期与发展机遇期。我们要以培养担当民族复兴大任的时代新人为着眼点,把中国乒乓自信和乒乓先进文化融入社会发展的各方面。从身、心两个层面提升人们的情感认同和行为习惯,为推动中国特色社会主义伟大事业提供强大支撑与精神动力。

再次,以乒乓为纽带拓展中华文化的世界影响。当今中国与 60 年前容国团获得首冠时的中国相比,国际地位已有很大不同。我们在当今的世界舞台上已成为促进和平与发展的举足轻重的力量。体育文化作为国际最通行的文化符号之一,是我们讲好中国故事的重要"窗口"。中国是世界公认的乒乓大国,通过引进来和走出去,为世界乒乓球运动的发展做出了实实在在的贡献,同时向世界展示了一个自信、包容、豁达与负责任的大国形象。面对全球各种文化之间的交流碰撞,我们更要树立起对中国特色社会主义文化的坚定自信,以乒乓为纽带,加强中华文化的国际传播能力建设。正如国际乒联前主席维克特所说,中国乒乓球运动员在赛场上所展现出的气质是自信的最好诠释。中国队勤奋刻苦、善于创新,因此得以长期雄霸乒坛,世界可以通过中国乒乓球了解中国,进而理解中国。

下面我们从近代中国乒乓的引入开始,一起回顾中国乒乓的崛起之路。

(二) 国球乒乓实乃舶来品

之所以说中国乒乓勇于赶超,是因为在当时清末民初的旧中国,中国乒乓和我们的国情一样,都是一穷二白的。中国民间最早接触作为舶来品的乒乓球是在光绪三十年,也就是 1904 年。当时上海福州路的一个文具店老板到日本去进货。赶巧围观了一场乒乓球比赛,他觉得这个活动很好玩,对体力要求也不高,又不需要很大的场地,于是他就采购了 10 套乒乓器材回国,并亲自在店中打球做示范表演。那时上海租界最繁华的地段还不是南京路,而是这个文具店所在的福州路。这里报馆、商铺、茶楼、戏园子林立,外国人、官员、文化人、生意人经常光顾。于是,乒乓球很快在上海流行起来,并传播到北京、天津、广州、青岛、杭州等几个大城市。

然而外国人在中国接触乒乓球的时间可能比国人还要再早几年,国际乒联博物馆收藏的一张明信片就是最有力的证据。(见图 4 - 1、图 4 - 2)这张明信片是时任国际乒联博物馆馆长恰克·霍伊(Chuck Hoey)先生 2007 年前后在民间购得。明信片上的信息显示,这是一位欧洲人从天津采用挂号信的形式寄到布鲁塞尔的,寄出具体时间是 1902 年 1 月 25 日,上面的日戳依然清晰可辨。明信片上的手写信息是法文,翻译显示如下:1902 年 1 月 22 日写于天津。在这里每个欧洲家庭客厅里都有一种网球,玩起来十分有趣。它在一张大桌子中间安放一个网,两只拍子用鼓皮做成,球是赛璐珞的。就像在网球场那样进行比赛。但以桌子的尺寸为限,运动者站在桌子两端。此类运动在这里极为流行。它应该会在布鲁塞尔的玩具店里有售……①

图 4-1　1902 年 1 月天津寄往布鲁塞尔的明信片附言面

图 4-2　1902 年 1 月天津寄往布鲁塞尔的明信片邮戳面

①　李荣芝,肖焕禹.乒乓球在近代中国的传入及发展[J].成都体育学院学报,2012(05):2.

恰克·霍伊据此推断,早在 1901 年,在天津定居的欧洲人家庭中乒乓球就已经很流行了。另外,在中国近代体育史上,教会学校和基督教青年会对传播西方近代体育起了重要的作用,乒乓球的推广传播也在此列。1916 年,中华基督教青年会上海分会首先开设了国内最早的乒乓球房。美国摄影家西德尼·甘博(Sidney. D. Gamble)1917 年在基督教青年会杭州分会也曾拍摄到两个男青年打乒乓球的场景。

上海当时作为国内最大的开放型城市,在基督教青年会及各级学校的大力推广下,民间的乒乓球运动开展得最为红火。各类企业、社团和高校的乒乓球队纷纷建立,民间乒乓球赛事此起彼伏、络绎不绝。为了加强民间各乒乓球球队之间的联络,1918 年 3 月成立了上海中华乒乓球联合会,乒乓球运动开始进入了有组织的推广发展阶段。不久,该会又组织成立了"中国台球研究会",不但开展乒乓球技术与规则的研究,而且促进了乒乓球活动的规范化。1923 年,交通大学、圣约翰大学、日本青年会日校和上海中国基督教青年会日校举办了乒乓球联赛,这是上海有记载的最早的乒乓球赛,也是中国有组织的乒乓球赛的开始。

1926 年,上海开始出现中国人投资经营的乒乓球器具厂。其中以"中国乒乓球公司"规模较大。该厂生产的乒乓球有十余种,有连环、盾牌、统一、彪马牌等等,其中连环牌质量最佳,后来曾一度被采用为当时远东运动会与中日乒乓球赛的比赛用球。1927 年上海中华乒乓球联合会选派的运动员赴日本大阪访问比赛。当时比赛的纪念徽章边缘镌刻着英文"Sound mind in sound body",意为"健全的精神寓于健康的身体",很好地诠释了体育对于身心健康的积极作用。后来我国也曾派出选手参加第 8 届、第 9 届远东运动会乒乓球赛,但团体和个人赛均告失败。1933 年,在南京举办的中华民国第 5 届全运会上,乒乓球开始作为表演项目出现。1934 年上海还出版发行了一个月 3 期的乒乓专业旬刊。1935 年,中华全国乒乓球协进会在上海成立,并发起举办第一届全国乒乓球团体锦标赛。至此,我们可以认为,作为舶来品的乒乓球已经在彼时的中国落地、生根、发芽。

(三)国际乒联力邀新中国

虽然已经落地生根,但旧中国内忧外患、战乱不止、社会动荡,包括乒乓球在内的各项体育事业不可能得到真正的发展。1935 年,国际乒乓球联合会曾向我们发出过邀请,电邀我国加入国际乒联并参加 1935 年 2 月在英国温布利举行的第9届世乒赛,但由于经费和战乱等各方面的原因而未能成行。乒乓球运动的春天真正来临还是在中华人民共和国成立以后。

　　说起乒乓球运动的春天,我们不得不说一说中国乒乓的大恩人,也就是国际乒联的首任主席,英国人伊沃·蒙塔古(Ivor Montagu)。他是一个犹太银行家的儿子,拥有多重身份:既是英国乒乓球冠军、英国乒协主席和国际乒联主席,同时也曾是英国共产党的中央委员,而且还是一位著名的电影艺术家,一个坚定的共产主义者和社会活动家。由于其家族财力殷实,并拥有贵族子弟身份,1926年举办的第一届世乒赛就是在伦敦他母亲所捐建的图书馆里举行的。比赛奖品,也就是大家熟知的男子团体冠军奖杯——斯韦思林杯,是从他们家存放银器的仓库里特意挑选出来的,斯韦思林其实就是他们家的贵族名号。

图 4-3　世乒赛男子团体冠军奖杯斯韦思林杯

　　国际乒联刚成立的时候,乒乓球领域的许多规则都没制定出来,而且当时由于世界各国之间矛盾重重,为了使这项新兴的体育运动能更快、更好地推广开来,蒙塔古想出了一个好办法。他规定当时的乒乓球比赛选手只代表乒协,不代表国家。比赛的时候也不规定运动员的职业和业余之分。如此一来,政治给乒乓球运动带来的干扰就不那么强了。除此以外,蒙塔古对世界各国都一视同仁,尤其是在中华人民共和国刚刚成立,还处在帝国主义的重重包围之中时,国际乒联是最早欢迎我们加入的世界组织。

　　在中华人民共和国成立后的第一个元旦,国际乒联主席伊沃·蒙塔古就给朱德元帅发出了一封电报,在表达对于中华人民共和国成立的美好祝愿的同时,力邀我国加入国际乒联。为稳妥起见,他还同时寄出一封平信,并请伦敦的新华社分社也向国内转达这些信息,其热情和诚意可见一斑。

　　当时中国已经断绝了和国际奥委会的关系,并且中断了和大多数国际体育组织的关系,而按照国际奥委会的规定,它的成员不能和中国这样的非成员进行正式的体育交流。由于乒乓球这个项目当时并不是奥运会项目,因此不受国际奥委会有关规定的制约。蒙塔古之所以积极寻找和中国人对话的渠道,力邀新中国加入国际乒联,自然和他的信仰以及有心发挥体育促进和平友谊的价值追求有关。蒙塔古自己本身就是一位左翼人士,很早就从美国记者埃德加·斯诺(Edgar

Snow)所著的《红星照耀中国》中敏锐地捕捉到在延安乒乓球已经有一定群众基础的事实。于是,在蒙塔古先生的真诚邀请下,在朱总司令和毛主席的关心下,1953 年 8 月,我们终于正式加入了国际乒联。

其实蒙塔古的功劳还远不止拉中国进入国际乒联,他担任主席期间还积极鼓励乒乓球技术的创新。比如日本人发明的海绵套胶和弧圈球技术、中国人对发球方式的改进等创新一度让欧洲乒乓球界极度反感,但蒙塔古力排众议,最终这些新的技术发明都得以应用于比赛中。可以说,蒙塔古是一位非常无私的、具有国际主义精神的、很纯粹的"乒乓人"。正是由于他的大力助推,我国才首次加入了真正意义上的国际体育组织,也为容国团在第 25 届世乒赛上勇夺首冠提供了难得的舞台。

(四) 容国团拿首冠振国威

容国团,1937 年出生于香港一个贫苦的海员家庭,父亲容勉之曾参加过省港大罢工和广州起义。容国团出生时,日本帝国主义正肆意侵略中华大地,容勉之为了祖国能够团结强大,于是给自己的独生子取名为"国团"。容国团 7 岁时开始学打乒乓球,13 岁时因家境贫寒不得不辍学去渔行当童工。他常常食不果腹,吃的是市场剩下的烂鱼烂菜叶,营养严重不足,身体非常瘦弱。但他从没放弃过打球,热爱加勤奋,使他逐渐成为乒乓高手。

转眼到了 1957 年,这一年对容国团注定是不平凡的一年。1 月下旬,香港乒乓球埠际锦标赛举行,容国团带领他的公民队所向披靡,一举夺得了 3 项冠军,顿时声名鹊起。4 月下旬,已夺得第 24 届世乒赛 4 项冠军的日本乒乓球队到香港访问,作为香港冠军的容国团被安排与日本队进行友谊赛。容国团此前从未参加过国际大赛,现在要对阵风头正盛的世界冠军,很多人并不看好容国团。最终,出乎很多人的意料,容国团击败了曾夺得两届世界冠军的日本选手荻村伊智郎。就这样,容国团在通往世界冠军的路上迈出了第一步,他的自信心也随着球艺的突飞猛进而增强。

1957 年 9 月,容国团随港澳乒乓球联队到北京打表演赛时,展示出了出色的球技,随后就收到了时任国家体委主任的贺龙副总理让他回内地打球的邀请,一直对祖国内地心怀向往的他欣然接受。11 月 1 日,容国团终于跨过深圳罗湖桥,进入广州体育学院学习,回到了祖国的大家庭中。

在广州体育学院，曾在香港历尽世间辛酸的容国团深切地感受到来自领导、教练和队友的温暖，他一边治疗因在香港长期营养不良、积劳成疾而导致的肺结核，一边刻苦练球，暗暗下决心要好好回报祖国的厚爱。回国后的第二年，也就是1958年，他被选入广东省乒乓球队，同年参加全国乒乓球锦标赛，获男子单打冠军。由于当时中国的社会主义建设才刚刚开始不久，虽然生活条件依旧艰苦，但全国上下干劲极高，各行各业都掀起了"大干快上"的建设热潮。在广州体育学院，众多运动员也纷纷制定了个人的目标计划。乒乓球队里有人提出要争取进入全国比赛前三名，有的则提出进入世界前八名……但是却没人提出争夺世界冠军的计划。因为大家都觉得世界冠军距离自己太遥远了，那都是外国人的事。容国团看到此种情景，思索了良久：为什么中国人就不能当世界冠军呢？自己在香港各方面条件都不好的情况下，都能打败日本的世界冠军荻村伊智郎，现在国家这么支持，条件也好多了，为什么还没有夺取世界冠军的自信呢？当时不少人对他"三年之内誓夺世界冠军"的豪言壮语提出质疑，而事实上仅仅一年后他就践行了自己的承诺。

1959年4月，在多特蒙德举行的第25届世乒赛中，队友们纷纷出局，最后进入半决赛的只剩下容国团一人。半决赛中，他遇到打法刁钻连挫中国选手的美国老将迈尔斯。在前两局0：2落后、进攻不利的情况下，容国团突然改变战术，和迈尔斯开始了拉锯式的对搓。在你来我往的持续较量中，容国团的韧劲儿彻底击垮了迈尔斯的心理防线，在比赛还没有结束的情况下，迈尔斯就苦笑着主动到容国团那儿握手认输。决赛中，略显稚嫩的容国团对战拥有9个世界冠军称号的身经百战、经验丰富的匈牙利老将西多。在先失一局的不利局面下，容国团没有丝毫胆怯，依旧敢打敢拼，并充分发挥了自己年轻灵活的优势，把身材壮硕的匈牙利老将西多调动得气喘吁吁，最终连扳三局夺得男子单打桂冠。这是新中国体育史上的第一个世界冠军，实现了中国体育运动在世界比赛中金牌"零"的突破。尤其还是在新中国即将迎来成立十周年大庆前夕，这个胜利极大地鼓舞了积贫积弱多年的中国人，激发了大家的民族自信心和自豪感。

容国团赢得新中国第一个世界冠军的消息，如一声响亮的春雷惊动了全球。《日内瓦日报》评论说，中国运动员在世界上以优秀选手的姿态出现，这件事看来比容国团个人的胜利更加重要得多。容国团等乒乓球队队员载誉归来时，贺龙副总理亲自到机场迎接。在候机楼，贺龙仔细地端详着金光灿灿的圣·勃莱德奖杯。戎马一生、两鬓斑白的元帅感慨万千，他眼含热泪说，谁说我们是"东亚病夫"，我们中国人照样可以拿世界冠军。[①]

二、中国乒乓稳立潮头的自信

自古以来军事上关于攻城与守城的战例不计其数，关于攻城与守城难易程度的讨论也不绝于耳。都说"攻城容易守城难"，其实对"强手如林、新人辈出"的竞技体育赛场来说，更合情理的说法是"攻城难，守城更难"。容国团作为一匹异军突起的黑马，夺得首冠实属不易。但"铁打的营盘流水的兵"，一时强，不代表一直强，一人强，不代表一国强。而中国乒乓在容国团之后，除了个别时期有所起伏以外，基本上可以说是整体实力一直稳立潮头，其中的难度可想而知。下面就让我们一起来回顾中国乒乓强起来的辉煌历程。

（一）全民乒乓筑坚实基础

在那个急需用体育来振奋人心、树立国家形象的年代，容国团的这个世界冠军，让无数中国人豪情满怀——也就是从那一刻起，乒乓球开始走上了"国球"的发展道路。不久后，在天安门广场举行的庆祝五一国际劳动节群众游行中，乒乓球运动员挥舞球拍、表演各种击球姿势经过天安门的场面最为激动人心，激发起国人强烈的民族自豪感。中国乒乓球队还被请进了中南海，受到了毛主席等国家领导人的接见。在那个年代，获得项目冠军是没有任何物质奖励的，对运动员来说最高的荣誉就是毛主席的握手、中央领导的接见。虽然贫穷落后的新中国那时还没能力在比赛现场做影音记录，但中央新闻纪录电影制片厂还是在赛后购买了国外的录像资料，编辑了 10 分钟的纪录片《夺取世界冠军》，作为电影院正片前的加片在全国放映。那段时间，全国各地的电影院几乎都是一票难求。大家不是为看正片，而是为了看加片，为了看容国团夺冠的那一刻。观看时，几乎场场都是千百群众眼含热泪地起立鼓掌欢呼。

随着容国团手捧冠军奖杯的照片出现在几乎所有报纸的头版，当时他在国内的受欢迎程度，一点儿都不亚于现在最红的明星。出色的球技和高大俊朗的外

---

① 摘自中央电视台中文国际频道的国史节目《〈国家记忆〉20191004 新中国第一个世界冠军》解说词。

表,让他一时间成为国人的偶像。走在路上会被人围住要签名,还有不少人请他发表感想,自己用小本子在一边记录。有一次,容国团去看电影,去晚了没票,就在售票处等退票。来看电影的人发现是容国团,都抢着把自己的票送给容国团。电影院方面知道容国团来了后,还非要请他上台讲话。全国各地写给容国团的信件像雪片一样飞来,以至于球队要专门为他成立个"拆信小组"⋯⋯

也就是从那时候开始,神州大地掀起了前所未有的乒乓热潮,一时出现了5 000万人挥拍上阵打乒乓的热闹场面。因为物质的贫乏和体育基础设施的薄弱,乒乓场地和器材远远不能满足群众的需求。但在热情面前一切都不是问题,一切障碍都不再存在。没有球拍,可以用三合板木板甚至纸板自制;没有球台,课桌、餐桌、门板都可以凑合,或者干脆直接在水泥地上画几条线也可以挥拍对战;球网就更简单了,竹竿、砖头、绳子全能充数;没有对手也不怕,一拍一球足矣,墙壁或者地球引力都可以是很好的对手和老师。为了迎接1961年在中国举办的第26届世乒赛,全国上下提早齐动员,再次为乒乓热潮推波助澜。乒乓球当时在大中城市和学校风行的程度真可以用"惊世骇俗"来形容。当时《新民晚报》有一篇新闻稿,标题为《有五百多个乒乓球队的大学》,其实这所大学就是现在的华东理工大学,当时叫华东化工学院,可见当时大学里的乒乓球运动有多热。

中小学的乒乓热度也同样令人咋舌。当时,基本上每所中小学校都有水泥球台。一到课间休息,还没等老师走出教室,小朋友们便早已蜂拥而出,一场抢乒乓球台的赛跑就这样开始了。跑得慢的就在后面排好队。比赛往往实行单球淘汰,谁都想赢,因为只要谁赢谁就可以不下球台。同学们眼巴巴地围在水泥台边,一个挨着一个排队,等着替换输球下场的一方。有的排到上课可能只能轮上一次,而一次上阵很可能只接个发球就结束了。但这丝毫不影响同学们积极参与的热情。下一次课间,水泥球台边照样又排起长长的队伍。乒乓球不小心被踩瘪了,没关系,丢到开水里一泡,恢复了原状,继续开打。不到天黑得完全看不见,水泥球台永远闲不下来。上海市第五女子中学组织了251个乒乓球小组,为了克服运动器具不足的困难,她们学会了利用废木料自制球拍。

那个时代,那种氛围,真是喜好乒乓球运动人们的天堂。各级政府、企事业单位和学校都纷纷组织不同规模的乒乓球比赛,参加者众多。在上海市由报社和电台举办的一次乒乓球比赛中,从基层预赛开始,总的报名参赛人数竟然达到令人瞩目的 100 余万。[1]

但包括中国领导人和普通民众在内的所有人在为容国团的首冠空前欢喜之余,同时也在忧虑一个问题,那就是中国的这次夺冠会不会是昙花一现呢? 毕竟在第 25 届世乒赛中其他选手都止步于半决赛,最后只有容国团一人只身闯关成功,其余 6 枚金牌也全被日本人收入囊中。如何保证我们的国旗能经常在乒乓赛场上升起呢? 周恩来总理送给了乒乓球选手至今仍为体育界视为经典的 4 句话:"胜而不骄""败而不馁""埋头苦练""生生不已"。可以说周总理的这 4 句话意味深长,尤其是"生生不已"这 4 个字,既是他对中国乒乓球队已经取得的成绩的肯定和勉励,也是对中国乒乓从今往后能稳立潮头的一种祝愿,更是对中国乒坛能人才辈出的一种期盼。历史证明,中国乒乓健儿没有让总理的期待落空,在后来的半个多世纪里我们后浪推前浪,一直稳立潮头。

(二) 全面开花,屡获佳绩

果不其然,在紧接下来的第 26、27、28 届世乒赛中,在容国团"人生能有几回搏"的精神鼓舞下,庄则栋、徐寅生、李富荣、张燮林、邱钟惠、林惠卿、郑敏之等一大批国手顺利接过了容国团的接力棒,均取得了不俗的战绩。3 届世乒赛的金牌一共 21 枚,中国运动员就夺得 11 枚,占总数的 52%。

其中,1961 年的第 26 届世乒赛是在北京举行的,这是新中国第一次举办世界大赛,当时国内和国际形势都比较困难。国内正处在经济困难时期,国际上美国等西方国家对我国进行封锁。在这样的艰难时刻,全国上下无不希望中国队能在"家门口"取得好成绩。国家体委从全国各地调来大批优秀运动员,最后又从 108 名集训队员中选出 70 名优秀选手,报名参加世乒赛。最终,中国乒乓球队一共获得了 3 项冠军、4 项亚军、8 个第三名,而且将含金量最高的男子团体冠军、男子单打冠军(庄则栋)、女子单打冠军(邱钟惠)均收入囊中。最令人难忘的是,在男子团体的决赛中,徐寅生猛扣日本队星野展弥"12 大板"的经典之作,成为世界乒坛的传奇佳话。在他的神勇气势感召下,男团终以 5∶3 的比分粉碎了日本队欲夺"六连冠"的美梦,首次捧得斯韦思林杯。

我国乒乓球队在第 26 届世乒赛上取得的举世瞩目的胜利,被人们称为"世界

---

① 梁言,王鼎华,袁虹衡.国球传奇[M].太原:山西教育出版社,2013:47.

乒乓球运动的一个转折点"。

转折开始以后,便一发而不可收。在第28届世乒赛中,中国队再接再厉,取得了更加长足的进步。在7个项目的比赛中共夺得5项冠军、4项亚军和7个第三名。尤其中国女乒在决赛中击败四连冠日本队,首次捧得考比伦杯。这标志着中国乒乓球男队、女队全面开花,均已进入世界先进行列。

然而随着"文化大革命"的开始,各级体育机构都停止了正常的工作,国乒一大批教练员和运动员被迫终止训练甚至受到迫害,中国不得不遗憾地缺席了第29届和第30届世乒赛。幸运的是,在周总理的干预和支持下,我们派队参加了1971年在日本举行的第31届名古屋世乒赛,中国队获得了四项冠军。时隔近6年,能取得这样的成绩实属不易。当然,这也在一定程度上说明我们过去打下的底子还是非常不错的。

值得一提的是,从20世纪70年代开始,欧洲不甘心落后,他们结合自己的身体和力量特点,开始学习借鉴日本和中国的长处,创造了弧圈球结合近台快攻的打法,给亚洲选手造成很大的威胁。从此,也使得以速度与旋转融为一体的现代弧圈快攻技术成为全世界公认的主流。因此,在20世纪70年代至90年代初的20多年里,世界乒坛总体呈现出欧亚对抗、此消彼长的态势。其中在80年代,欧洲的实力与亚洲更趋接近,欧、亚两洲的对抗更为紧张激烈。1981—1987年共举行了4届世乒赛,最引人注目的男子团体冠亚军之争,4次均在欧、亚两洲之间进行。欧亚之间的激烈对抗,有力地推动了世界乒乓球运动的发展。在乒乓球比赛中,常常可以见到不同打法对抗的精彩竞技场面,给观众带来享受的同时,也意味着欧亚之间的相互交流、相互促进使乒乓球运动的技战术水平达到了新的高度。

在1981年举行的第36届世乒赛中,中国运动员囊括了全部7项比赛的冠军,继而又在第37、38、39三届世乒赛中分别取得了6项冠军的好成绩。

不考虑这一阶段的世界杯和奥运会的数据,仅以世乒赛为例,从1971年日本名古屋第31届算起,到1993年瑞典哥德堡第42届为止,一共12届比赛产生的84枚金牌中,中国队共获得51.5块。其中的半块金牌来自第34届世乒赛中由中国和朝鲜选手合作取得的女双冠军。这一阶段我国的金牌斩获率已经从60年代的52%上升到61%。

虽然在此期间我们也几次遭遇低谷,但在徐寅生、李富荣、许绍发、蔡振华、张燮林等国乒主帅的辛勤耕耘和精准调教之下，我们总能在最短的周期内、以更快的速度在失败中总结、在挫折中奋起。中国乒乓坚持"百花齐放、以我为主"的方针，在努力发展和创新传统直板快攻打法的同时，积极培养各种不同类型打法，做到"外国有的我们要有，外国没有的我们也要有"。通过各种类型打法和不同技术风格间的相互竞争，锤炼出了一批既有突出特长又具广泛适应能力的优秀运动员。

（三）中国独霸成项目隐忧

1995 年，第 43 届世乒赛在天津拉开帷幕，这是继 1961 年北京主办第 26 届世乒赛后第二次在中国举行的世乒赛。中国男团顺利杀入决赛，以 3∶2 战胜了瑞典队，再次捧得斯韦思林杯。受到男团打响翻身仗的激励，中国队在这届世乒赛上重演了第 36 届世乒赛的辉煌，再次包揽了全部 7 个项目的金牌。其中邓亚萍一人获女团、女单、女双 3 枚金牌；王涛、刘伟连续第三次蝉联混双冠军；小将孔令辉与刘国梁在男单决赛中会师，最终孔令辉夺得冠军，这也是中国横板男选手夺得的第一个单打世界冠军。可以说，以 1995 年的天津世乒赛为分水岭，中国乒乓开始真正进入独霸全球、领先世界的王者时代。

回顾乒乓争霸历史，到目前为止，能够做到包揽乒乓球所有项目冠军的国家除了中国，只有匈牙利。那还是在 90 多年以前，1930 年第 4 届世乒赛，以乒坛的超级大腕儿 22 冠王者——维克多·巴纳（Viktor Barna）为主力的匈牙利队夺得了全部冠军。因那时女子团体还没有成为比赛项目，所以最多也只能拿 6 块金牌。世乒赛在 1934 年因女团加入而设立 7 块金牌以后，日本在 1959 年、1967 年这两届世乒赛都曾拿过 6 个冠军，但离包揽 7 冠总是差那么一步。

而我们从 1995 年的天津世乒赛开始，基本上每两届世乒赛就要把 7 块金牌包揽一次，没有包揽的时候也往往都是拿了 6 冠，只有一块金牌流失。

从奥运会看，本来乒乓球被列入奥运的正式比赛项目是一件大好事，毕竟奥运会作为综合性体育赛事在全球范围内的受关注度更高。国际乒联也希望借奥运东风进一步推动世界乒乓球运动的普及和提高。然而自从 1988 年乒乓球进入奥运比赛项目以来，一共 8 届赛事共产生了 32 枚金牌，竟然有 28 枚被中国选手收入囊中，其中有 5 届还被中国队实现了包揽金牌。

如果说只包揽了金牌也就算了，但有时我们能把前四名全包了，是真正的大包大揽。自从 1987 年,世乒赛也开始在颁奖礼上升国旗奏国歌以来,在奥运和世乒赛的颁奖现场,三面或者四面五星红旗同时升起的震撼场面不断上演。对中国选手、中国体育界和中国乒乓球迷们来讲,这当然是好事、喜事、盛事,标志着我们的国球在世界乒坛至高无上的地位。不过,对国际乒联、国际奥委会和中国之外的乒乓球爱好者们而言,非中国选手日益被世界大赛边缘化,意味着乒乓球这项运动在世界范围内缺乏竞争和活力,可持续发展和在奥运会大家庭里继续站稳脚跟的前景堪忧。而且,中国乒乓实力的强大,有时甚至已经到了"不战而屈人之兵"、让对手信心全无的地步。

　　以 2019 年横滨第 50 届世乒赛为例,在女单四分之一决赛中,当日本小将石川佳纯以 1∶4 负于张怡宁后,她对记者表示,自己很开心,因为和偶像打了一场球。当记者又问她,什么时候能够赢张怡宁时,这位小将的回答是 100 年之后。而在前一天的女单八分之一决赛中,张怡宁甚至在最后一局故意发球失误,以避免让匈牙利老将托特以零分收场。而此次中国队的混双项目,由于全部是临时组合,因此被认为是中国队最弱的一环,然而即使如此,中国选手还是包揽了前四名,于是这个项目也提前落幕。面对这样的局面,有中国记者这样形容自己在现场的心情,"这样的报道太没意思了,我们甚至都希望中国选手输一两场,不然真不知道稿子该怎么写"。

　　正是由于中国在世界乒坛的霸主地位太过强势也太过稳固,乒乓球现在几乎真的成了一国之球,以至于近年来一些国家甚至气馁地放弃了乒乓球项目的资金支持和后备人才培养。纵观世界乒坛,"亚洲是重心,东亚是轴心,中国是核心"的格局多年未变。开展较好的只限于中国、日本、韩国、朝鲜、德国、奥地利、瑞典等少数国家。而乒乓球项目在欧亚以外其他地区的开展情况,可以说很大程度上还处于"扫盲"阶段。[1] 中国队一枝独秀傲视世界的繁华,却难以掩饰乒乓球项目在中国乃至世界所处的尴尬境地。

　　其实,对任何一项体育赛事而言,一个国家、一个协会长期的大包大揽总不是好事。它终究还是会妨碍该项目的普及与可持续发展,会使体育官员、赞助商、媒体、观众逐渐对这项运动失去兴趣,因为没有人喜欢看一场早就能预判结果的比赛,尤其是这项比赛从来不会有本国选手入围的时候。就连国际乒联都在担忧乒

① 　梁宏达.东亚轴心引领世界乒坛[J].乒乓世界,2004(10):38-39.

乒球会不会因缺乏国际竞争而被逐出奥运会。当然,我们自己也有这个危机感,因此有时也会在类似像混双这样的项目上放一放水,但有时想让都让不掉。因此,国际乒联和各国乒协协商后认为,还是需要从规则入手拯救乒乓球。

(四) 规则常新显英雄本色

国际乒联针对中国选手修改规则其实从 1981 年就开始了。在 1981 年第 36 届世乒赛团体决赛中,蔡振华对阵匈牙利乒乓三杰之一的盖尔盖伊。每盘三局两胜,之前双方已经各胜一局。在最后的决胜局 15:15 的情况下,结果盖尔盖伊连续吃了蔡振华五个落点看似完全一致的发球,有四个不是拉丢就是下网,唯一一个过网的还被蔡振华一拍扣死。其实奥秘就在于蔡振华的球拍两面分别是反胶和防弧胶皮,都是黑色且经常上下翻转,对手看不出他到底用的哪一面胶皮也就猜不出他要发什么样的球。蔡振华手中上下翻飞的球拍被老外称为"魔杖",他本人也被称为"巫师",据说他手中的球拍究竟转了几下,转来转去到底哪面朝上,只有他自己知道。结果第二年国际乒联就改了规则,规定球拍两面的胶皮必须为一红一黑,便于运动员通过颜色判断对方胶皮类型,从而判断来球性质。

说实话,中国长期一家独大的局面让国际乒联既爱又恨:一方面,他们乐于看到中国乒乓球繁盛强大的市场和群众基础;另一方面,他们又不希望看到中国乒乓的强大让其他协会心灰意冷。因此,20 多年的时间里,国际乒联平均每两年就有一项改革措施出台,力度之大,步伐之快,频率之高,实为所有体育运动项目之罕见。

1999 年,国际乒联将世乒赛参赛人数上限减少为男单、女单、混双 7 人(对),这样中国在这三个项目上不可能包揽八强,男双和女双则为三对,这样中国不可能包揽四强,降低了中国队拿奖牌的可能。

2000 年,国际乒联开始将 38 毫米的小球改为 40 毫米的大球。根据相关实验得出的数据表明,40 毫米的大球相比小球在旋转上减弱 23%,速度下降 13%,这在相当程度上限制了中国队的快攻打法。

2001 年,国际乒联将规则修改为每两球换发一次,限制中国队多变的发球。同年,将发球改为无遮挡发球,限制中国前三板的威力。

2002 年,国际乒联将 5 局 3 胜制,每局 21 分的赛制改为 7 局 4 胜制,每局 11 分,增大比赛的偶然性。

2004 年后,国际乒联和奥委会开始在赛制上想办法限制中国队以增加项目的观赏性。雅典奥运会对抽签制度进行了改革,男双和女双比赛中同一代表队的两对选手必须抽进同一个半区,这样中国队就无法包揽金牌和银牌。

2007 年,国际乒联要求乒乓球拍海绵体黏合胶水由有机改为无机。"有机胶水"由于对套胶的海绵有较强膨胀作用,这样对球的速度、力量都有提高作用。但是因为它的高挥发性,对运动员的身体健康有害。而"无机胶水"对球员健康无影响,但对海绵的膨胀作用很小,使得击球的速度和力量都大大下降,在一定程度上限制了中国的快攻打法。

2009 年,又再次减少各队奥运会单打比赛报名名额上限,将 3 人减少为 2 人,这样就不会再出现像以往那样包揽前 3 名、同升 3 面同一国国旗的情况。

……

总的说来,这些规则之变,可以粗略地分为 3 类。

一是有关器材方面,包括小球变大球,材质的改变,限制长胶,废除有机胶水,增加球网高度等。

二是有关技术规范方面,如推行每两球换发一次,无遮挡发球,采用 11 分记分制等。

三是有关"人"的改革方面,包括世乒赛男双和女双参赛人数减少为各三对;奥运会上同一协会的两对双打选手在抽签的时候必须分在同一半区;21 周岁以上才更改国籍的运动员,将不能参加世乒赛和世界杯赛;修改世界排名的积分规则,等等。

新规则不但使我们中国的大包大揽不再可能,而且中国的发球、近台快攻、前三板这些传统技术优势也受到了挑战。新规之下,球速和转速降低,比赛回合数增加,偶然性增大,关键球增多,要求运动员技术更加全面,心理素质更加过硬,并朝着"主动、凶猛、敢打、多变"的方向发展。

然而,国际乒联希望促进乒乓球运动发展的这些煞费苦心的举措却都没能限制中国乒乓球在世界范围内的独霸局面,有的甚至起到了一定的反作用。一批优秀的欧洲"老"选手,因为无法适应规则的连续改变,纷纷选择提前退役。

事实上,规则的频繁变化并不能打垮中国队,正所谓"规则代改留本色,大浪淘沙始见金"。因为每一次规则的改变,我们都可以较其他的国家更快地去适应,冠军最终还是我们的。反过来,倒是国际乒联的不断折腾也让我们有了一份额外的担忧。那就是乒乓球既是力量型项目,也是技巧性项目,速度和旋转是乒乓球的灵魂,随着速度和旋转的下降,斗智斗勇的美感也降低了,比赛的精彩度势必也打了一定的折扣……

三、中国乒乓乐于帮带的自信

在自身不断强大的同时,中国乒乓球还一直承担着在全球范围推广发展乒乓球运动的重任。多年来,中国乒乓人既敢于"走出去"也勇于"请进来",不因自身屡创辉煌而沾沾自喜,不因帮扶对手强大而心生畏惧,这就是"国球"的胸襟与自信。国际乒联前主席托马斯·维克特这样评价:"中国不仅拥有最优秀的运动员,还能帮助其他协会培养出更优秀的选手。"

(一)教练援外展大国形象

援外教练员工作是我国政府体育外交的重要组成部分,为推动世界体育的共同进步和繁荣、增进我国与世界各国之间的友谊与合作做出了独特贡献。1957年,体育战线为了配合国家的外交工作,经周恩来总理等中央领导同志批示同意,国家体委向越南派出了我国历史上的第一支援外体育教练员队伍,从此拉开了我国援外教练员工作的序幕。到 2007 年纪念援外教练员工作 50 周年之际,我国共向世界上 123 个国家和地区派遣了 36 个体育项目 2547 名体育教练人员。在中国派遣的教练中乒乓球项目最多,中国共向 80 多个国家,包括法、德等发达国家,派出了约 600 人次的乒乓球教练。[①]

前面我们讲过,1959 年容国团的夺冠意义重大,其实不仅仅因为那是我们新中国的首冠,还因为这个冠军完全是我们中国人自力更生的结果,没有任何国外的教练员帮助或指导我们。有人可能会有疑问:既然我们拿冠军别人没帮过我们,为什么我们反过来还去帮助其他国家呢?其实这正是我们中国"自信包容、大气谦和、以德服人"的大国形象在体育文化交流领域的具体体现。

体育援外作为国家外交工作的延伸,在 20 世纪 60 年代有其特殊的时代背景。为了打破美苏两极格局对我国的外交封锁,同时也是为了打破霸权主义对国

[①] 体育总局局长刘鹏:春花秋实 50 载 五洲遍开友谊花[EB/OL].(2007－09－28).http://www.gov.cn/gzdt/2007-09/28/content_764107.htm.

际体育组织及其活动的控制和垄断，在国际体育交往中捍卫国家的尊严和主权，我们克服重重干扰和困难，立足乒乓球、羽毛球、体操、跳水、举重等自身的优势项目，陆续派出了大量的体育援外教练员支援亚非拉地区国家，以团结亚非拉第三世界人民，促进这些地区体育事业的发展。

以乒乓球为例，第一个奉命援外的教练员是姜永宁。姜永宁和容国团一样都是从香港归来的爱国运动员，1952 年就已回到内地。他的球技也十分精湛，属于直拍削球防守型选手，步法敏捷，削球稳健，斗志顽强，素有"拼命三郎"之称。1952 年姜永宁成为新中国乒乓球男子单打第一个全国冠军。1953 年 2 月，在罗马尼亚首都布加勒斯特举行的第 20 届世乒赛上，中国队首次亮相。在男子团体赛中，姜永宁用直拍两面削球，结合反攻打败了第 16 届世乒赛男子单打世界冠军英国人利奇，成为我国第一个打败世界冠军的人。1955 年，他再一次取得全国乒乓球赛男子单打冠军。从 1957 年开始，姜永宁先后担任过国家乒乓球队教练和北京队总教练。这么一个重量级的人物，在各行各业大干快上的那个特殊时期，属于不可多得的宝贝。1959 年被外派到了蒙古国，成为中国乒乓技术援外的第一位教练员，这充分说明了我国乒乓技术援外的诚意。

当时援助目标国基本都是亚非拉的第三世界国家，为什么呢？因为当时我们的外交重点就是第三世界国家。俗话说，将心比心，投桃报李。1971 年我们恢复联合国合法席位，离不开亚非拉的第三世界国家的大力支持。因为他们看得出来，中国对他们的帮助是真心实意的。

除了把重量级的人才外派以外，为了保证援外的质量和效果。我们对外派教练员的管理也是非常严格和规范的。譬如，教练员在出发前要参加援外业务培训，合格发证以后才能成行。出发前要制订详尽的培训工作计划，在受援国要定期向祖国汇报工作进展和生活情况，以及援外结束后要向组织提交工作总结，及时总结经验和不足。从种种细节上我们可以看出，中国乒乓的技术援外，是注重质量的，是认真负责的。

当然，后来随着外交格局的变化，除了第三世界，我们也向一些友好的发达国家派出过教练员。我们熟知的蔡振华指导曾赴意大利执教 4 年，上海体育学院中国乒乓球学院的施之皓院长曾赴德国执教近 10 年。值得一提的是，援外教练中有一个功勋级的人物叫王大勇。他曾带领比利时男队获得了世乒赛团体亚军，创造了比利时团体项目的史上最好成绩。王大勇始终秉持一个信念——要让欧洲人感到中国人是勤劳的、真诚的、在乒乓球方面是有"干货"的。语言不通,他就刻苦学习;为了帮弟子们赛出好成绩,王大勇陪他们练球到深夜。爱心和恒心,最终让王大勇赢得了比利时人对中国教练发自内心的尊敬。3年合同期满,接着又续签了5年。5年合同还没满,出色的成绩又使王大勇被聘为比利时国家队的永久教练。在王大勇严谨作风影响下,作为比利时青年人偶像的乒乓名将大塞弗对中国充满了好感。2008年北京奥运火炬在欧洲传递遭遇"藏独"分子干扰时,王大勇的弟子大塞弗挺身而出,在当地电视台向比利时观众介绍了真实的中国。由于王大勇在体育文化交流领域的突出贡献,奥委会前主席罗格称赞他是"中西文化的摆渡者"。

正是有一大批像王大勇这样的援外教练员的无私帮助和辛苦付出,不但使受援国乒乓竞技水平普遍有了较大幅度的提升,还促进了受援国对我国的了解和认同,增进了受援国与我国之间的国际友谊。他们勤奋敬业的工作态度,艰苦奋斗的工作作风,精湛的技术水平,良好的精神风貌,出色的工作成绩,赢得了受援国人民对中国人民的友好和尊敬。

(二) 海外兵团亦海外使团

说到中国乒乓乐于帮带的自信,我们不得不说一说国际乒坛大量存在的华裔"海外兵团"。海外兵团是指代表中国乒乓球协会以外的协会参加国际比赛的原中国运动员。其实,运动员代表非出生地国家参加国际体育赛事一直以来并不罕见。但不同寻常的是这种情况大量集中出现于乒乓球这个项目中,这就比较值得关注了。在2004年雅典奥运会乒乓赛场上,男女32强中海外兵团各占6席和11席。而在2016年里约奥运会上,一共有44名在中国出生的运动员出现在乒乓赛场上,但是其中有38人代表其他国家出战。

我们的"海外兵团"是从公派开始起步的。梁戈亮被认为是"第一个吃螃蟹的人",1978年退役后就去了联邦德国的一个甲级俱乐部打球。开始时他人生地不熟,语言又不通,也不会开车,被安排在私人家中生活;生活一段时间慢慢就习惯了,就从公派转成了自费出国。毕竟在国外的待遇更好,当时的收入比国内高很多,也有更多的发展机遇。渐渐地,乒乓界掀起了一股教练员和运动员自费出国热潮。

由于国外的乒乓球水平不高,中国高水平选手的加入可以提升俱乐部的知名度。尤其是改革开放以后,政策宽松了,人员流动也自由了。因此很多退役的世界冠军、奥运金牌得主以及各省市队的运动员,甚至一些年轻队员都纷纷外出,有的出国打球教球,有的结婚移民,有的留学读书,形式多种多样。但最早出国的中国运动员只代表俱乐部打球,而不代表外国协会参赛,所以最初国内运动员在国际大赛上并没有感到"海外兵团"的威胁。不过由于当时国际乒联对参赛选手的国籍规定不严,一些协会开始盯上了来自中国的运动员。这些国家和地区的乒协想方设法协助来自中国的运动员取得合法身份,代表他们参加世乒赛。

1993年瑞典哥德堡第42届世乒赛期间,已经有不少中国面孔成为外国协会球队中的一员,对中国队发起了强有力的挑战。正是在那次比赛中,中国运动员邓亚萍和乔红输给了代表新加坡和德国参赛的井浚泓和施捷。从此,这些出国打球的原中国籍运动员被舆论称为"海外兵团"。1994年广岛亚运会的女单决赛中,邓亚萍被代表日本出战的前国家队主力何智丽击败,痛失女单冠军。而更令人难以接受的场面是,何智丽在比赛中每得到1分就高呼日语"哟西"(日文"好"的意思),这似乎极大地刺伤了球迷们的感情。于是在那以后的很长一段时间里,国内的社会舆论是以一种鄙视的态度去评价"海外兵团"的。尤其当他们对中国选手的晋级或夺牌之路造成实际干扰时。

"海外兵团"真的像某些人所以为的那样是洪水猛兽吗?其实大可不必如此紧张。我们完全可以从竞技体制、个人发展和项目生存三个层面去更理性、更包容地审视"海外兵团"的存在。

首先,中国乒乓球队作为一支常胜之师,从体制方面得益于高度发达的人才梯队建设。但最终入选国家队的毕竟是极少数,而且这些国手级别的球员运动生命周期普遍较长。这样就使得很多二线后备队员只有通过远走他乡,才可能获得登上国际赛场的机会。

其次,众多退役的优秀运动员为了继续从事自己热爱的专业,同时也是出于个人发展和谋生需要,往往也会选择在国外的专业队或俱乐部继续发挥余热。这是他们自己的选择,应予以尊重,这也从一个侧面反映了社会的进步和国人的包容。

再次,海外兵团的存在和教练援外所产生的客观效果可谓异曲同工。他们为乒乓球这个中国的优势项目在海外推广普及和技术交流做出了实实在在的贡献。国际乒联终身名誉主席徐寅生认为,准确地讲,"海外兵团"应该叫"海外使团"。

他们帮助当地培养出自己的优秀球员,促进了世界乒乓球运动的均衡发展。而且客观地讲,外国俱乐部的训练条件和国内比相差甚远,"我们的队员在比赛中输给他们,也别怪人家,应该从自身找原因,不应该怨天尤人"①。

徐老说得非常好,如果我们换个角度思考,对"海外兵团"的包容与理解事实上更能体现出我们乒乓大国的自信与荣耀。韩国媒体在谈到中国的"海外兵团"时,都不得不承认:中国出生的乒乓球运动员代表中国的竞争对手参赛,这种现象等于是对中国乒乓球霸主地位的致敬。

总之,在竞技体育已高度全球化的今天,没有哪个国家、哪个项目可以完全脱离人才交流的大环境。就像近几年,我国在马术、足球和一些冰雪项目上也开始引进归化海外运动员一样,这本身就是顺应国际体育交流大趋势、大环境的务实之举。

(三)"养狼计划"掀浪花朵朵

接下来我们要说的是"养狼计划"。在很长一段时间内,世界乒坛都在呼吁中国乒协要负起一个乒乓球大国的责任,为推广乒乓球运动在世界上的普及和发展、帮助其他协会提高乒乓球水平做出更多的贡献。尤其是 2008 年北京奥运会,中国乒乓球队包揽全部 4 金,这样的辉煌再次加大了很多人对这项运动的忧患意识。2009 年,时任国家体育总局副局长的蔡振华被正式任命为中国乒乓球协会主席。上任伊始,这位当年叱咤乒坛的老将就雷厉风行地实施了一场史无前例的"养狼计划"——把中国乒乓球先进的技术带出去的同时,无条件地欢迎国外运动员来乒超联赛取经。

把中国乒乓球先进的技术彻底教给老外,这计划初看的确让人很难理解。但在蔡振华看来,计较得失不是他的本意,如何把乒乓球这个运动真正推广开来,才是他的最终目的。"经常听到有人这样说,中国乒乓球竞技运动在世界大赛和奥运会中连年称雄,打得外国人已经没有什么兴趣玩了,外国人看不到什么指望,打球的人越来越少,最后,很可能因为此项运动不够普及和发展不平衡而在奥运会中遇到生存危机。"新上任的蔡振华说出了很多人的担心。他表示,如果想改变这种局面,让世界上更多的人有兴趣和我们一起"玩"乒乓球,提高对手的水平

---

① 孟雁松.徐寅生:亲历中国乒乓 60 年[J].乒乓世界,纪念中国首夺世界冠军 60 周年专辑,2019(04):74-81.

才是根本出路。蔡振华认为，以目前中国乒乓球的竞技水平和中国乒乓球运动的开展现状来看，我们有能力、也有责任为世界乒乓球运动的发展尽更大的责任和义务。

有竞争才有动力。当时的世界乒坛，中国选手一统天下的时间已经太长，原来乒乓球发展欣欣向荣的欧洲，在瓦尔德内尔、佩尔森、塞弗等一代选手淡出乒坛之后出现人才断档。而北京奥运会上参加女子比赛的 78 名选手中竟有 35 人出生于中国，"海外兵团"的势力正在逐步膨胀，这种现象终究不利于国球的推广和发展。① 这也是蔡振华上任伊始，就推广"养狼计划"的主要原因。

从 2009 年至今，中国乒协的"养狼"步子已越迈越大，譬如开放国家二队的训练、开放国内联赛中的外国选手注册、越来越多的中国教练走出去帮助国外运动员提高技术等等，都是实实在在的行动。其中，我们所熟知的日本的福原爱，德国的波尔、奥恰洛夫，都是受益者。随着"养狼计划"的慢慢推广，养狼的实效已经显现，我们真切感受到了来自"狼"的威胁。日本的平野美宇就是一个很好的例子，她在 2017 年 4 月的亚锦赛上连续战胜丁宁、朱雨玲、陈梦 3 名中国女将，成为历史上最年轻的亚锦赛女单冠军。可以说平野美宇的崛起和她上个赛季在中国的乒超联赛效力有着很大的关系，经常和中国优秀的选手对阵，对她的成长起到了很大的帮助作用。针对平野美宇的崛起，时任总教练的刘国梁在回应"养狼计划终成大患"的质疑时霸气地说："养狼养了这么多年，刚来一头狼，外界就这么惊慌，不至于。来一群更有意思！"

虽然刘国梁信心满满，但 2018 年 1 月中国乒协对外发布的《关于进行 2018 年中国乒乓球俱乐部比赛预报名工作的通知》中提及：在 2018 年中国乒乓球俱乐部比赛中，除中国乒协运动员之外，只允许香港乒乓球总会、澳门乒乓球协会、中国台北乒协运动员以及海外华人华侨运动员在俱乐部中报名参赛。这一规定事实上相当于明确禁止国外协会球员来中国比赛交流，意味着 2009 年中国乒协倡导的"养狼计划"的破产。一石激起千层浪，这个通知的发布立刻引发热议，支持者认为我们"养狼"是搬起石头砸自己的脚，中国没有义务也没有必要养这样的"狼"；否定者则认为中国乒协出台新政重在"防狼"，体现出不自信，是在"闭关锁球"，开职业化的倒车。

---

① 黄嫣.中国乒乓推出"养狼"计划[N].新闻晨报,2009 - 03 - 02.

2018年12月,刘国梁以新一任乒协主席的身份回归以后,关于"养狼"是否应该继续的讨论很快就销声匿迹了。回归之后,刘国梁在接受采访时指出,当总教练时看的是具体的某个队员球该怎么打,当主席了则要放眼整个国际乒坛的发展动向和潮流。推动世界乒乓球发展的目标是不会变的,与此同时他还表示,联赛制是中国乒乓球与世界乒乓球的一座桥梁,在未来几年之内还要扩大规模,要让更多的国外选手参与进来。果不其然,2020年6月,世界乒乓球职业大联盟(WTT)宣布,中国乒乓球协会主席刘国梁将担任新成立的WTT理事会主席,并全面升级和改造国际乒联的赛事体系及商业体系。刘国梁表示:"在世界范围培养人才的潜力一直存在,我们也已经有一些很好的例子,但是现在是加速这一进程的时候了。WTT希望顶级球员参加顶级赛事,这对于这项运动的商业化至关重要。同时我们也希望在世界各地培养明星运动员,吸引更多球迷关注乒乓球运动。"①

如此看来,"养狼计划"不但可以继续,而且已经在不知不觉中升级为"国际版"了!

(四) 中乒院开启带教新篇

可以这样说,虽然"养狼计划"掀起浪花朵朵,但真正的英雄无惧风浪,一定敢于、善于与狼共舞。"养狼计划"彰显了一个乒乓大国的自信,不但要坚持实施下去,还要在内容和形式方面不断开启传帮带的新篇。中国乒乓球学院(简称"中乒院")就是在这样的背景下应运而生的。中国乒乓球学院是一所由国家体育总局和上海市人民政府共建的高等体育院校,由国家体育总局乒乓球羽毛球管理中心和上海体育学院承办,也是目前世界上唯一以乒乓球项目为主的体育高等院校。

2011年,时任中国乒协主席的蔡振华在中乒院综合大楼奠基仪式上曾对媒体说,近年来中国乒乓球独孤求败的现状令人唏嘘,中国乒乓球学院不仅担负着为我国培养专业人才的职责,还肩负着发展对手的任务。很多外国的乒乓球运动员也可以到上海体育学院中国乒乓球学院来留学、来深造,再回到他们本国去推广。中国乒乓球学院的诞生,无疑将使"国际推广计划"常态化和正规化,变成一个持久的运营过程。

① 刘国梁:世乒联将在全球设立办事处　培养潜力人才[EB/OL].(2020-07-27).https://www.chinanews.com.cn/ty/2020/07-27/9249068.shtml.

事实的确如此,中乒院一成立,就向世界证明了其在乒乓球国际推广方面的能力和价值。培养国际留学生、承接各国乒协教练员运动员培训、举办国际青少年夏令营等工作均赢得了参与者的一致好评,国际影响力迅速提升。中乒院现在不仅已成为国外运动员、教练员、裁判员、乒乓球运动管理人员的培养基地,更成为联通中国与世界、传播"国球"文化的教育基地和文化交流基地。

为了更多、更快、更好、更便利地完成帮带工作,中国乒乓球学院欧洲分院于2014年11月在卢森堡正式成立。中乒院欧洲分院位于卢森堡市的市中心,日常所用的训练场地位于一座小山坡上的体育学院训练馆内,紧邻卢森堡体育部办公大楼。中国乒乓球学院院长施之皓说:"我们成立这座学院的目的就是为了在欧洲更好地推广这项运动。乒乓球起源于欧洲,发展在中国,现在我们愿意与世界分享我们的成果。"

2014年欧洲分院建成后,举办了多次集训,来自欧洲各国的青少年选手和教练在这里接受中国教练的培训,取得了良好的效果。一些经常参加训练的学员水平获得了明显提高,有人甚至已经拿到了欧洲青年锦标赛的冠军。每次集训,中国会派出三男三女6名教练。张怡宁、陈玘、冯喆、王励勤等都多次来此参加培训工作。

在国际培训方面,由于中乒院拥有世界顶级的乒乓球人力物力资源,因而2014年11月顺利成为"亚洲乒乓球联盟培训基地"。2015年11月,中乒院又通过了国际乒联发展与培训部的审核,成为国际乒联最高学院级附属培训基地(ITTF International Training Center Network—Academy),这标志着中乒院能够以国际乒联的名义承办一系列国际培训活动。

2018年11月,中乒院又迎来海外第二家分院——巴布亚新几内亚训练中心成立。巴布亚新几内亚是太平洋岛国首个与中国签署"一带一路"建设谅解备忘录的国家。由于巴新的经济基础薄弱,中国乒乓球学院不仅送去了最优质的师资、最先进的乒乓球训练理念,还送去了球桌、挡板、地胶等各类器材,帮助巴新成立了达到国际标准的训练中心。巴新乒协主席感慨道:"即便用'雪中送炭'这个成语,也不足以表达上海体育学院所给予我们的帮助,很多东西不是可以用钱衡量的。训练中心的成立对巴新乒乓球项目的普及和提高是一个飞跃,它带来的影响力将是非常深远的。"值得一提的是,当时正在巴新进行国事访问的中国国家主席习近平来到巴新训练中心,与正在训练的巴新运动员和中国教练员施之皓及张怡宁亲切交谈并合影,鼓励他们争创佳绩,做两国人民的友好使者。

2019 年 7 月,经过不到一年的训练,巴新乒乓球队队员在南太平洋岛国运动会上获得男双、残疾人男单两枚银牌,创造了巴新体育史上的最好成绩;女双、混双均获得第四。巴新国家队队员罗伊兴奋地致信习近平主席,衷心感谢习近平主席对巴新乒乓球事业的支持。9 月 19 日,习近平主席复信罗伊,在信中愉快地回忆了去年访问巴布亚新几内亚时观看罗伊和队友与中国教练一起训练的情景,祝贺罗伊和巴新乒乓球队在太平洋运动会上取得好成绩,并鼓励两国青年为深化中国和巴新友好关系做出积极贡献,祝愿罗伊和巴新乒乓球队再创佳绩。[①]

四、乒乓自信来源于文化自信

说完中国乒乓勇于赶超、稳立潮头以及乐于帮带的三个自信以后,我们可以做一个总结和归因。党中央所强调的道路自信、理论自信、制度自信、文化自信"四个自信"中,哪个自信是更基本、更深沉、更持久的力量呢? 毫无疑问,就是文化自信。我们中国乒乓从引进来、站起来、强起来到长盛不衰不是偶然的,而是必然的。这种必然性恰恰就是来源于我们的文化自信。接下来分别从革命文化激励、民族文化涵养、组织文化保障和包容共享情怀四个层面来梳理我们国乒自信的源泉。

(一) 革命文化代代永传承

从某种程度上讲,国乒文化的伟大之处是因为它培植了一种发自中国人民内心深处的自信。而这种自信,不会因为选手的退役而改变,也不会因为时间的流逝而消散。我们无法道尽它究竟有多大的影响,但是我们却一直受益其中。而国乒文化中,最可圈可点、最具推广价值和教育意义的是革命文化。当然,国乒所继承和发扬的革命文化,绝不是用"一不怕苦、二不怕死"这样的一句话就可简单概括的,它有着更为深刻的内涵和更为丰富的表现。如果非要做一个详尽表述的话,那么 1981 年时任国务院副总理万里同志在北京迎接国乒健儿从第 36 届世乒赛凯旋的讲话中对乒乓精神的概括最为贴切。

---

① 习近平给巴布亚新几内亚乒乓球运动员复信[N].人民日报,2019 - 09 - 30.

在 1981 年 5 月南斯拉夫诺维萨德举行的第 36 届世乒赛中,国乒选手创造了囊括 7 项锦标并包揽 5 个单项冠亚军的奇迹,世界为之震惊。在首都人民欢迎国乒胜利归来的大会上,万里同志代表党中央、国务院表彰了国乒具有"胸怀祖国、放眼世界、为国争光的精神;发愤图强、自力更生、艰苦奋斗的实干精神;不屈不挠、勤学苦练、不断钻研、不断创新的精神;同心同德、团结战斗的集体主义精神;胜不骄、败不馁的革命乐观主义和革命英雄主义精神"。

对中国乒乓而言,中国乒乓精神和中国乒乓文化是密不可分的。乒乓精神是他们的思维方式,乒乓文化是他们的行为方式。对新老乒乓人而言,都是如此。中国乒乓精神一直在乒乓文化的土壤上成长。这里举几个反映国乒革命文化的实例,让我们看看在革命精神的熏陶下,新老乒乓人都是怎么做的。

一是不畏牺牲、乐于奉献的集体主义文化。20 世纪 50 年代,为了让容国团适应日本的弧圈球,有的队员干脆就放弃了参赛和夺牌的梦想,模仿日本弧圈球高手的打法,给我们的主力队员当陪练的"靶子"和铺路石。80 年代亦是如此,曾获得两枚亚运会金牌的黄统生,义无反顾地接受队里的安排,将匈牙利名将盖尔盖伊的技术特点模仿得惟妙惟肖,极大地提高了队友的应战水平。第 36 届世乒赛上中国队以 5∶2 大败匈牙利队,黄统生功不可没,他被国家体委授予"无名英雄"称号。曾执掌中国女乒帅印的施之皓,当年在竞聘演说中就直言:"不提倡个人英雄主义,球队不会围绕某个人制定技战术。乒乓球虽然是个人项目,但帮助中国乒乓球队无往不胜的是团队精神。"[①]任教中国女乒期间,王楠、张怡宁、丁宁、李晓霞等都曾是施之皓带领的球员,施之皓始终把集体力量和集体智慧放在第一位,弱化领军人物作用,提倡著名球员与普通球员平等,营造团结作战的球队氛围,极大地提升了球队的向心力与凝聚力。

二是自力更生、艰苦奋斗的勤业精业文化。就像我们党和人民军队从小到大、从弱到强一样,虽然我们起步晚,但无论老的还是新的乒乓人都是干一行、专一行,不断钻研战略战术,通过器材创新、打法创新和技术创新,为我们的乒坛霸主地位提供了源源不断的技战术支持。据不完全统计,近一个世纪以来,世界范围内乒乓球技术、打法创新共计 46 项,由中国原创的就有 27 项,占总数的 58.7%。虽然中国队的打法别国都在学,但正是由于我们的创新永远在路上,只有

---

① 吴南瑶.施之皓"要对球好一点儿"[N].新民晚报,2019-11-08.

进行时，没有完成时，才能把别人甩在后面！创新无止境，不断被复制，无法被超越！这就是中国乒乓勤业精业文化的真实写照。

三是坚忍不拔、勇往直前的拼搏奋斗文化。国乒敢打敢拼、狭路相逢勇者胜的战例举不胜举。如2001年大阪第46届世乒赛男团半决赛中刘国正逆转金泽洙那场绝对堪称经典。那场比赛中，刘国正以16：21先输一局，第二局又16：19落后，在陷入绝境时反击，24：22扳平比分。决胜局他又以15：19落后，眼看就要输掉整场比赛，但刘国正没有放弃，他一分一分地追，追到了19平，最后他凭借接发球抢攻得手拿下了比赛，25：23。此役金泽洙一共拿到了7个赛点，抓住其中的任何一个，金泽洙都可能创造历史，而刘国正一次次将中国队从悬崖边挽救了回来。最终杀进决赛的中国队无悬念夺得了冠军。中国的乒乓霸主地位，正是在这样的逆境中反复锤炼而成的。如今在那场"惊心动魄、九死一生"的对决中把对手打得"怀疑人生"的小将刘国正已成长为男乒教练组长，他的神勇气概与坚定自信必将在年轻球员身上得到传承。

(二) 民族文化小球藏乾坤

任何运动项目都需要公平讲"理"。你可能会有偶然的胜利，但中国乒乓能做到几十年"长盛不衰"，必定是我们在制胜规律的把握方面较其他国家和地区做得更好，其中离不开中华民族传统文化的功劳。

乒乓球运动属于隔网对抗以技能表现为主的运动项目，其无须身体接触、动静相宜、刚柔相济、内外兼修、攻守兼备的特点，可以说与中国传统文化在很多方面不谋而合。由于受球的重量和球台长度、宽度、网高的限制，击球时不但强调速度、旋转与落点的变化，还强调手脑配合、适度发力、步法灵活，对抗过程中对力量、速度、方向和旋转的控制以及计谋的运用等都非常讲究。譬如，同样是为了把乒乓球击打过网，就有诸如抽、拉、冲、挂、撕、带、划、撇、劈、拧、挑、弹、砸、扣等各种各样的击球技巧。

再如我们常说的所谓打球的手感。其实既是一种对来球性质的细腻的感知，同时也是一种击球时对用力的控制。也就是说，优秀运动员不仅能对来球的路线、落点、力量、速度与旋转等方面有非常精细的判别，同时在触球的瞬间，能敏锐地感知球拍受力的细微差别，并及时调整自己回球用力的方向、大小和方法，力求将球按照自己的意图高质量地击回。这种击球瞬间的肌肉用力的差别感，是一种非常精细的运动感觉。这种感觉越敏锐，判别就越精确，控球的能力也就越强。可以说，这种神奇的手感与中国古典文学中描述的庖丁解牛和卖油翁的技艺有异曲同工之妙，非常符合中国人心灵手巧、擅用工具的劳作习惯和天人合一、革故鼎新的精神气质。

另外，相关研究也发现东方人多是内敛性格，欧美人多是外倾性格。内敛性格的主要特点就是人对环境的微小刺激非常敏感，通过少量外界刺激就可以获得大量信息。那么我国乒乓选手对微小刺激到底有多敏感呢？17 岁进厂当学徒，现已从红双喜集团董事长职位光荣退休的黄勇武先生就讲过这样一个真实的事例。"红双喜"作为国内知名的乒乓运动器材专业制造商，当时他们制造的国际比赛用球的重量标准误差已经可以精确到小数点后第三位，比黄金的 0.01 克还精确。当时已是上海乒乓球厂副厂长的黄勇武有些不信：运动员对乒乓球的要求这么高，他们有那个感觉吗？他认为运动员其实根本觉察不到这点误差。于是他就做了一个实验，一共拿了 10 个球，每个球的重量分别相差 0.001 克。他来到北京，问国家乒乓球队队员："你们打球能分得出来吗？"当时帮黄勇武试球的运动员就是江嘉良。15 岁就入选国家队的江嘉良曾六夺世界冠军，其中包括在两届世乒赛上蝉联男单冠军。结果，他一一试打之后，把 10 个球完全按轻重顺序排了出来，竟然一个不差。国乒队员的极致手感与精准感知，让黄勇武彻底服了。

这件事情经媒体报道以后，依然有人质疑，不相信乒乓球运动员的手感这么精准。其实这种能力虽然罕见，但绝不是乒乓行业一家独有。譬如，作为全国五一劳动奖章获得者、"大国工匠 2018 年度人物"之一的 80 后技工方文墨，不靠眼睛，纯粹凭手感，就能打磨出歼-15 的核心零件。教科书上，人的手工锉削精度极限是千分之十毫米，而方文墨加工的精度达到了千分之三毫米，相当于头发丝的二十五分之一，这是数控机床都很难达到的精度。中航工业将这一精度命名为"文墨精度"。其实，就博大精深的中华传统文化而言，在各行各业这样"不可思议"的技艺还有很多。"心灵手巧"作为一种优秀的品质，从古传承至今，早已深入到中华儿女的血脉之中。

正是凭借着这样一种洞悉微毫的极致手感以及对快、准、狠、变、转的制胜规律的独特运用和总结，才成就了中国乒乓的优势地位。然而，以上列举的最多也就涉及"术"或"技"的层面，中华民族丰富宝贵的精神文化遗产对我们的乒乓文化实际上有着更深的滋养。如果从"道"的层面去看待乒乓与国运和民魂之间的关联,我们就会理解"小球藏乾坤"的比喻绝非虚言。以下 12 个与中华传统文化核心内容相关的表述,其实正是我们中国乒乓从引进来、站起来、强起来到现在扶危济困兼济天下的真实写照。

"修齐治平"的心性修养,"天人合一"的境界追求,

"自强不息"的奋斗精神,"舍生取义"的牺牲精神,

"革故鼎新"的创新思想,"技精于勤"的工匠精神,

"与人为善"的处世之道,"扶危济困"的公德意识,

"美美与共"的包容之心,"天下大同"的人类情怀,

"和合万邦"的美好理想,"居安思危"的忧患意识。

(三) 组织文化历久又拓新

接下来我们再说一下组织文化保障。说到对一个运动项目的保障,哪个国家、哪个项目会没有呢? 其实多多少少都会有点。但相比之下,乒乓球在我国受重视的程度还真的是很有中国特色,绝对配得上它的"国球"地位。

第一,领导人对乒乓球的重视。中国领导人一直有一种特殊的"乒乓情结"。无论是在烽火连天的革命战争年代,还是在和平建设时期,领导人们在日理万机之余,几乎都对乒乓球兴趣盎然,并经常挥拍上阵,调节身心。由于中央领导的重视,我国乒乓运动的开展如鱼得水。中华人民共和国成立后,乒乓球一直深受党和国家领导人的关心和重视。傅其芳、姜永宁、容国团、林慧卿等乒乓好手,也都是在党和国家领导人的邀请下从中国香港、中国澳门,以及印尼等地回到祖国的怀抱,为新中国乒乓运动的起步立下了汗马功劳。国家领导人对乒乓运动的关心是实实在在和细致入微的。以周恩来总理为例。1961 年在北京举办的第 26 届世乒赛上,我们一举获得男团、男单、女单三项冠军。等周总理从云南视察后回到北京时,颁奖仪式和庆功宴已经结束。为了表达心意,周总理自己掏钱在家里请乒乓小将们吃饭。因为当时是困难时期,作陪的贺龙、陈毅两家还得自带粮票。据当时的女单冠军邱钟惠回忆,吃饭时总理一边给她夹菜,一边笑着对她说:虽然我们赢了,但也要看到不足,几局加在一起的总分是 96 比 98,我们还输 2 分呢!日理万机的总理能细心到给运动员计算总比分,这让在场所有的乒乓小将们非常震惊也非常感动。

第二,国家在财力和物资方面的保障。譬如备战 1961 年北京第 26 届世乒赛

期间,正逢三年困难时期。中央领导同志带头自减口粮,与群众一起节衣缩食、共渡难关。但对于从全国各地挑出来的"108 将"乒乓集训队伍,国家却特别关照,不但能吃饱,而且上海产的梅林猪肉罐头、牛奶和鸡蛋的供应从来没断过。

除了生活方面的保障以外,运动装备方面的保障绝对是需要技术含量的。改革开放前很长一段时期,国内还不能生产高质量海绵,我们用的海绵球拍基本上都是从日本进口的。改革开放后,由于体制机制更加灵活,我们的民族品牌"红双喜"通过消化、引进、吸收国外的高质量产品制造技术,在球板和套胶的配方、工艺和原料方面下足了功夫。针对国手不同打法的需要,基本上做到了有求必应。中国乒乓球协会前主席蔡振华认为,从 20 世纪 80 年代很多人使用进口器材,到如今 90％以上的主力使用"红双喜"器材,并笑傲国际乒坛,"红双喜"为国乒做出了巨大贡献。20 世纪 90 年代开始,国际乒联不断改革器材和规则。但每次面对变革,蔡振华都胸有成竹,因为国乒背后有"红双喜"强大的技术支持。

第三,人才培养的体制机制与时俱进。我们之所以乒乓人才不断涌现,与新中国成立初期建立的层层衔接的三级训练体制分不开。刘国梁在自己的微博中曾透露过一组数据:中国乒乓球人口将近 1 亿,其中有专业选手 2 000 人,业余体校 3 万人。如此庞大的金字塔体系是其他国家无法比拟的。从 1996 年的 CCTV 中国乒乓球擂台赛开始,中国乒乓球运动开始尝试职业化。虽然目前的乒超联赛还有待进一步完善,但"坚持举国体制和市场机制相结合"为乒乓球事业的可持续发展带来了更多的机遇。中国乒乓球队不仅在技战术打法上能够积极创新,而且在管理机制上也敢为人先、勇于创新。近年来,中国乒乓球队不断优化"积分制",即把比赛成绩、比赛作风、训练态度、日常生活管理等内容细化为具体的分值,统一评定。这一整套竞争管理机制的建立和完善,彻底打破了原有的铁饭碗、大锅饭,激发了运动员的上进心和拼搏精神。

第四,来自人民群众的强大精神支持。乒乓球之所以被称为"国球",不仅因为在我国它有着雄厚的群众基础,几亿中国人会打乒乓球,8 000 多万人经常打乒乓球;也因为乒超联赛和全国各地的业余比赛给国民带来欢乐和享受;还因为我国乒乓健儿是稳定的夺金团队,他们在奥运会、世乒赛和世界杯乒乓球比赛中取得了辉煌的成绩,而且经久不衰,给全国人民以极大的振奋和鼓舞。走遍中国大地,城乡到处有乒乓球台,这是我国一道独特的风景线,也是我国独特的文化现象。老百姓不仅关注乒乓球,也关注中国乒乓这个团队。一代接一代的乒乓球明星，如刘国梁、孔令辉、张继科、马龙、许昕、樊振东、王楚钦、邓亚萍、王楠、张怡宁、丁宁、李晓霞、刘诗雯、孙颖莎等，一直被媒体所追逐，成为国人的偶像和骄傲。日本男乒前总教练、现日本乒协强化训练部部长宫崎义仁坦言非常羡慕中国球队，因为他发现无论在世界上哪个地方比赛，总能在观众席上听到用中文高喊的"加油、加油"。

（四）包容共享开启新时代

中国乒乓球带给我们的自信已经有 60 余年了，一个国家能在国际体坛统治一项运动这么久，可谓前无古人后无来者。说句实话，冠军拿得连国人都有些麻木了，对于中国队来说拿冠军已经不是什么新闻了，中国不拿冠军才是新闻。但站在新时代的历史起点，"乒乓球自信"难道只是因包揽金牌而产生的"民族主义""国家主义"的优越感和自豪感吗？当然不是，也不应该是。当下的我们应该以一种不忘本来、吸收外来、着眼将来的初心态度，从包容与共享这两个维度继续深化对乒乓运动文化内涵的理解和认知。

首先说包容。譬如国际乒联对乒乓球运动从制度到器物所进行的种种改革，总有声音会认为这是针对中国的阴谋。其实如果我们以包容的心态多了解一下，就会发现事情并非我们所想象的那样简单。就像无遮挡发球，受影响的其实不只是我们，当规则公布的时候，以发球见长的瓦尔德内尔甚至想通过提前退役来表达不满。再如换大球、升球网和 11 分制，其实无论中外选手都需要一个逐步适应的过程。前比利时选手大塞弗就曾坦言，"规则改革是针对中国"这种担心是不必要的，因为其他欧洲优秀选手也遇到同样问题，规则对每个人都是相同的。"规则随时都可以改变，但无法改变的是中国队的优势地位，中国依然是世界上最强的队伍"。为什么会这样呢？因为中国队的最大优势是年轻。很多欧洲国家的选手都年纪较大，很多技术动作都已定型，适应起新规则比较难，而不少中国选手都要比他们小 10 岁左右，适应新规则无疑会更快。

说到包容，中国还有句古话叫"不当家不知柴米贵"，也就是说我们需要从国际乒联的视角对乒乓球的职业化和市场化做更多的思考。毕竟当代竞技体育项目的生存与发展太需要媒体的支持了，相比其他竞技项目的比赛市场，乒乓球的国际市场开发事实上已经远远落后了。乒乓球因为体积太小，本来就不太适合转播观看。即使在现场也很难看出运动员技术的精髓，更多的时候关注的只能是运动员的动作，因为对球而言，我们最多看到的只是白光闪过来闪过去；比赛中经常还会出现发球直接得分或发球抢攻得分的短暂比赛局面，这对观众的观感都会产生一定影响。因此，将球变大，使球速和旋转降低一些，回合增加一些，也算是对媒体转播更友好的一种表示。如果再考虑观众的情感因素，为了能提高收视率，想来想去也只能在抽签规则和限制乒协参赛人数方面想办法了。根据统计，奥运会和世乒赛的决赛如果是在中国和其他国家之间展开，直播收视率就会比以往更高。巴西出了一个名将雨果之后，他们也开始购买乒乓球赛事的直播版权了。因此，为了乒乓运动的可持续发展，我们需要有充分的思想准备，因为国际乒联为了进一步推动乒乓球在世界上的普及，扩大乒乓球运动在世界体坛的竞争力，今后在赛事体系和商业体系方面可能还会进行更多的升级与改造。

然后说共享。古人云，"独乐乐，不如众乐乐"。意思是共享和同乐，才能更乐。关于乒乓文化的共享意识既是对中国乒乓以往运动成绩和文化价值的全面认识和充分肯定，也是对目前乒乓球运动可持续发展的局限性与瓶颈的理性认知，更是对乒乓运动未来发展趋势所抱有的一种责任与担当。随着社会文明的进步和现代人生活方式的改变，乒乓文化的意义已不再仅仅局限于竞技的范畴，而是越来越多地融入现代社会的健康生活与文化交往之中。乒乓球运动作为一项全身运动，健体、健脑又健心，好处非常多。社会名流和普通百姓都可以一试身手并乐在其中。

党的二十大报告提出："坚守中华文化立场，提炼展示中华文明的精神标识和文化精髓，加快构建中国话语和中国叙事体系，讲好中国故事、传播好中国声音，展现可信、可爱、可敬的中国形象。加强国际传播能力建设，全面提升国际传播效能，形成同我国综合国力和国际地位相匹配的国际话语权。深化文明交流互鉴，推动中华文化更好走向世界。"值得期待的是，刘国梁作为中国乒乓球协会主席、国际乒联执行副主席，在 2020 年又兼任 WTT（世界乒乓球职业大联盟）理事会主席。他审时度势地提出了"中国乒乓，世界共享"的发展新规划，旨在通过国际乒联赛事以及商业资产的改造升级，进一步提升中国乒乓在世界范围的贡献力和影响力。

立足新发展阶段，我们应从"一带一路"建设、构建人类命运共同体的全球战略高度进一步审视中国乒乓文化的自信自强。一方面继续大力推动以乒乓文化为代表的中国体育先进文化创造性转化和创新性发展。通过强化中国乒乓文化的自信意识,在铸魂育人、满足人民美好生活需要以及体育强国、健康中国建设中发挥更大作用。另一方面,作为乒乓大国、强国,我们也理应为解决当前世界乒乓球运动发展的不平衡问题积极出谋划策、贡献力量。通过强化中国乒乓文化的共享意识,让小小银球在讲好中国乒乓故事,展现真实、立体、全面、可亲、可爱中国形象的同时,助力中外体育人文交流。通过共享中国乒乓之经验,弘扬中华文化之精粹,铸就中华体育文化新辉煌。

(张晓龙)

思考题

　　1. 中国乒乓的文化自信源自哪些方面?

　　2. 中国乒乓的文化自信对中国体育有哪些影响?

参考文献:

[1] 徐寅生.我与乒乓球——徐寅生自传[M].北京:中国社会科学出版社,1995.

[2] 邱钟惠.笑对人生:中国第一个女子世界冠军——邱钟惠自述[M].广州:广东经济出版社,1999.

[3] 何志毅.中国第一个荣膺世界冠军的人——容国团[M].珠海:珠海出版社,2006.

[4] 朱国顺,李宁.小球大乾坤[M].上海:文汇出版社,2019.

[5] 梁言,王鼎华,袁虹衡.国球传奇[M].太原:山西教育出版社,2013.

[6] 梁英明.拼搏与奉献:印度尼西亚归侨林慧卿的乒乓球人生[M].北京:中国华侨出版社,2015.

[7] 李玲修,王鼎华.乒乓中国梦——走近蔡振华团队[M].太原:山西教育出版社,2013.

[8] 李荣芝,顾楠.乒乓球运动的历史与文化[M].上海:同济大学出版社,2016.

[9] 庄家富.世界冠军教练的乒乓情缘[M].北京:人民体育出版社,2012.

[10] 金大陆,吴四海.国球之"摇篮":上海乒乓名将访谈录[M].上海:复旦大学出版社,2020.

[11] 张燕晓.现代乒乓球运动多维度探究举要[M].北京:科学技术文献出版社,2018.

[12] 文经风.小球大时代:冠军身旁看创新[M].北京:中央编译出版社,2016.

[13] 陈一收.文化自信:中国力量的精神支撑[M].北京:社会科学文献出版社,2020.

[14] 白杨.构建中国乒乓球队组织文化体系的研究[M].北京:北京体育大学出版社,2017.

[15] 李荣芝,肖焕禹.乒乓球在近代中国的传入及发展[J].成都体育学院学报,2012(05).

[16] 钱江.蒙塔古助推中国走上世界乒坛[J].名人传记:上半月,2018(03).

第五章　中国乒乓与中国智慧

导语

习近平总书记在《辩证唯物主义是中国共产党人的世界观和方法论》文章中强调"辩证唯物主义是中国共产党人的世界观和方法论",并指出我们"必须不断接受马克思主义哲学智慧的滋养,更加自觉地坚持和运用辩证唯物主义世界观和方法论"。① 在探究中国乒乓球长盛不衰秘密的过程中,我们发现了众多乒乓球人关于如何打好乒乓球的思考。其中,最为关键的就是要充分运用辩证唯物主义世界观和方法论,把握乒乓球运动的规律,坚持用矛盾分析法看待乒乓运动,准确把握矛盾的对立性和统一性、普遍性和特殊性;坚持用普遍联系的眼光看待乒乓运动的发展,既充分利用整体的思路发展中国乒乓运动,又用全局的眼光看待世界乒乓运动的整体发展;坚持用发展的眼光看待乒乓运动,始终保持创新。

许多外国人都有一种固有印象:中国人不擅长体育,但乒乓球除外。令他们感到神奇的是,这项源于英国的体育运动几乎成了每一名中国人的必会项目。而且打乒乓球就像是中国人与生俱来的天赋与技能,每个中国人都是乒乓球高手。之所以会形成这样的刻板印象,主要就是因为全世界都知道中国乒乓球队强,并且长期处于世界乒坛的霸主地位。英国、匈牙利、日本虽然都曾一度称霸世界乒坛,但没有哪个国家像中国这样如此长时间、稳定地保持世界的领先地位,于是,总是有很多人会问:"中国乒乓球队长盛不衰的秘诀是什么? 怎样才能打好乒乓球?"

在回答这两个问题之前,我们先通过一些数字来简单回顾一下中国乒乓球队的发展历程。

---

① 习近平.辩证唯物主义是中国共产党人的世界观和方法论[J].前线,2019(0)1:4-7.

1952 年 10 月,中国乒乓球队成立,成为继足球、篮球之后,所组建的第三支球类运动国家队。

1953 年 3 月,罗马尼亚布加勒斯特第 20 届世乒赛,是中国乒乓球队在世乒赛上的首次亮相。在这次比赛中,中国男队被评为一级第 10 名,女队被评为二级第 3 名。

图 5－1　1953 年第 20 届世乒赛,中国队首次亮相

1956 年 4 月,在日本东京第 23 届世乒赛上,姜永宁在与英国队的比赛中击败了两次获世界冠军的名将李奇,这是中国人首次在大赛中击败世界冠军。

1959 年 3 月,在德国多特蒙德举办的第 25 届世乒赛上,容国团以"人生能有几回搏"的豪情壮志为中国夺得第一个乒乓球世界冠军,也是中华人民共和国成立以来中国人所获得的第一个世界冠军。

**图 5－2　1961 第 26 届世乒赛,
邱钟惠和庄则栋**

1961 年 4 月,在中国北京举行的第 26 届世乒赛,是中华人民共和国第一次承办的国际大型体育比赛。也正是在这届比赛中,由容国团、王传耀、庄则栋、李富荣和徐寅生组成的中国男队首夺斯韦思林杯;邱钟惠捧得吉·盖斯特杯,这是中华人民共和国体育界的第一块女单金牌;更令人称奇的是,庄则栋、李富荣、张燮林和徐寅生包揽了男单前三名,向世界宣告了中国男子乒乓球队的崛起。

图 5-3　1961 年第 26 届世乒赛，男单前三

图 5-4　1965 年第 28 届世乒赛，女团首冠

　　1965 年 4 月，在南斯拉夫卢布尔雅那举办的第 28 届世乒赛上，由梁丽珍、李赫男、林慧卿、郑敏之组成的中国女队首夺考比伦杯，一改此前中国乒乓球队"阳盛阴衰"的局面，开启了齐头并进、全面崛起的局面。

　　再之后，中国队 1981 年、1995 年、2001 年、2005 年、2007 年共 5 次包揽世乒赛全部 7 项冠军，1996 年、2000 年、2008 年、2012 年、2016 年共 5 次包揽奥运会金牌。截至 2022 年 10 月，中国乒乓球队 117 人成为世界冠军，共获得 254 枚金牌，其中奥运会金牌 32 枚，包括 8 个团体冠军，24 个单项冠军；世乒赛金牌 151

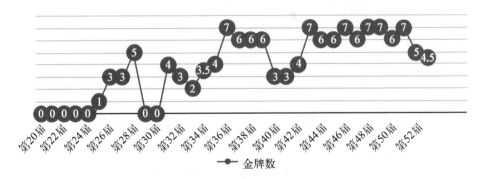

图 5-5　中国队世乒赛夺冠历程

枚,包括 44 个团体冠军,107 个单项冠军(两次跨国配对按 0.5 块金牌计算);世界
杯金牌 71 枚,包括 21 个团体冠军,50 个单项冠军(含 1 个女双冠军)。

　　这些数字,展现的是中国乒乓球队从无到有,由弱到强,走向长盛不衰的历
史。而走向长盛不衰历史的背后是一代又一代中国乒乓球人的汗水和努力,更关
键的是一代又一代中国乒乓球人对于如何打好乒乓球的思考和探索——比闪耀
的金牌和沉重的冠军奖杯更夺目的是关于如何打好乒乓球的中国智慧,不仅是中
国特色、中国风格、中国气派下的中国思维,更是为其他国家在寻求适合自己的发
展乒乓球运动道路方面提供了中国智慧和中国方案。

一、从实践到认识:《关于如何打乒乓球》

　　如何打好乒乓球? 这是 1952 年中国乒乓球队成立后面临的一个重大现实问
题。中国乒乓球队的成立过程是极为曲折的。虽然在 1901 年前后乒乓球已经传
入了中国,但是在当时的历史条件下,乒乓球并没有广泛普及。中华人民共和国
成立后,"三大球"(足球、篮球、排球)因为群众基础广泛、影响力较大,被放在体育
运动最重要的位置上,也最受重视。尤其是足球和篮球,二者在 1896 年就传入中
国,是中国开展最早的现代球类运动,所以最先成立的两支国家队就是足球队和
篮球队。而与此同时,乒乓球因为缺乏足够的比赛活动,所以几乎没有城市代表
队,更没有国家队。但机缘巧合之下,中国乒乓球队却成为中华人民共和国成立
后组建的第三支球类运动国家队。

　　其实,早在 1950 年 1 月,时任国际乒联主席的伊沃·蒙塔古就曾写信给朱

德,表达了国际乒联想和中国乒乓球组织建立联系的意愿。但基于当时国内外的现实情况,后几经周折,直到同年11月才在中央的授意下,由荣高棠代表中华全国体育总会筹委会致信蒙塔古,表示愿意参加国际乒乓球联合会以及1952年2月在印度孟买举行的第19届世乒赛。虽然,蒙塔古和国际乒联积极坚持邀请中国参加国际乒联代表大会和第19届世乒赛,但没有乒乓球国家队的现实,让中华全国体育总会不得不多次婉言谢绝了国际乒联的邀请,确认无法参赛。但国际乒联抱着极大的诚意和热情,积极欢迎中国加入国际乒联并诚挚邀请中国乒乓球队参加1953年在罗马尼亚布加勒斯特举行的第20届世乒赛。面对国际乒联的热忱和基于当时国际形势的考量,1951年11月中华全国体育总会决定依照程序申请加入国际乒联。1952年春,为参加在新加坡举行的首届亚洲乒乓球锦标赛,团中央体育部以中华全国体育总会的名义发出通知:当年10月在北京举行"全国乒乓球选拔赛",选拔优秀选手,组建中国乒乓球队。比赛于10月12日至16日举行,经过比赛和选拔,由11名男选手和8名女选手组建了我国第一支乒乓球国家集训队,开始备战首届亚洲乒乓球锦标赛。虽然当时处于冷战时期,统治新加坡的英国殖民当局基于"冷战"思维的考虑,故意设置障碍,称不能为中国运动员办理签证,而导致中国乒乓球队最终没能参加此次比赛,中国乒乓球历史上的第一支国家集训队也因此在当年11月解散,但是中国乒乓球队可以说从一开始就肩负着巨大的责任和使命。

与此同时,在1952年第19届世乒赛上,1928年加入国际乒联的日本队首次参加世乒赛就夺得了女团、女双、男双、男单的4项冠军,一举打破了欧洲球队对世界乒坛霸主的垄断。在1952年到1959年间的7届世乒赛中,日本队夺得了49项冠军中的24项冠军,其中包括5次男团冠军和4次女团冠军。日本队的称霸,不仅将乒乓运动的优势从欧洲转到了亚洲,而且也用实践证明了亚洲人也可以打好乒乓球。日本队正是顺应乒乓球打法从单纯防守转向以攻为主,使用海绵拍以中远台长抽进攻为主,凸显力量大、进攻性强的技术特点,完全压制了欧洲人的削球打法,从而实现了称霸世界乒坛。日本队的成功给中国乒乓球队以巨大的鼓舞和启发,中国乒乓球队也积极探索适合自己的技术打法,打造中国特色、找寻中国优势。

1952年12月底,为出战第20届世乒赛,中国乒乓球队再次集结。第20届世乒赛是中国乒乓球队在世界大赛上的首次亮相。这次亮相意义重大,中国乒乓球队不仅肩负着赛出风格、赛出水平的比赛任务,还肩负着中华人民共和国的外交使命,外交部礼宾司还给球队发了关于赠送礼品的建议书。首次亮相,中国男队3胜2负,中国女队2胜2负。中国男队虽然败于英国、匈牙利等强队,但也击败了奥地利、瑞典等队。这次参赛,虽然与世界强队还存在着差距,但是首次亮相就取得了还算不错的成绩既极大地提振了中国人发展乒乓球运动的信心,同时也引起了贺龙副总理的关注。在贺龙副总理的指示下,1953年6月,从世乒赛归来的中国乒乓球队到各省进行巡回表演,带动了国人对乒乓球的关注与热情,掀起了一股乒乓热潮,乒乓球成为"国球"的历史自此拉开帷幕。

1959年,容国团为中华人民共和国夺得第一个乒乓球世界冠军。1961年第26届世乒赛中国乒乓球队夺得男团、男单和女单冠军,第27届和第28届又连续夺得男团、男单和男双的冠军。中国乒乓球队不仅终结了日本队对世界乒坛的称霸,而且也正式迈入了世界强队之列,开启了强盛之路。事实上,日本队并没有停下前进的脚步,也始终在积极推进技术打法的创新。20世纪60年代初,日本人发明了弧圈球,直拍单面弧圈这一创新打法成为日本的主流打法。但是这一次的创新却没有帮助日本队像之前一样称霸世界乒坛,不是因为他们不强,也不是新的技术打法不好,而是因为他们恰好遇上了中国乒乓球队的崛起。中国乒乓球人在吸收和借鉴世界先进经验的基础上,结合自身特点,不断研究和探寻中国乒乓球队应该如何发展,最终开辟了一条充满中国智慧的乒乓球发展之路。在这个过程中,中国乒乓球队找到了适合自己的直拍正胶快攻打法而迅速崛起,并在长期的发展过程中不断推进技术与理念的创新,从而走上了长盛不衰之路。

中国人是如何打好乒乓球的?中国人是如何将中国智慧和乒乓球运动的发展结合起来的?在国际乒联博物馆和中国乒乓球博物馆的二楼展厅内,陈列着一本由前著名国手郑敏芝捐赠的《关于如何打乒乓球》。这本小册子诞生于1964年,根据徐寅生为国家女队讲解如何打好乒乓球的讲话整理而成。《关于如何打乒乓球》正是中国乒乓球人的中国智慧的典型样本。

估计很多人心中都会有这样一个疑问:国家女队为何会专门邀请徐寅生来讲解如何打好乒乓球?

从中国乒乓球队的整个发展历史来看,20世纪60年代是中国乒乓球的一个大飞跃时期。在这个时期,首先崛起的是国家男队。如果说1959年容国团夺得第一个世界冠军是中国男队崛起的信号的话，那么1961年夺得男单、男团两个冠军，单打包揽前四名，以及1963年夺得男单、男双、男团三项冠军的成绩则是确立了中国男队的世界强队地位。与之相对的，国家女队仅有邱钟惠在1961年夺得了女子单打冠军，而1963年女单、女双、女团更是无一进入决赛，国家女队的发展陷入了困境，迫切需要寻求改变和突破。

　　从个人来看，徐寅生能够成为国家女队的"引路人"，是完全够资格的。徐寅生1959年成为国家队主力选手之一，是1961年和1963年两届世乒赛男团两连冠的主力成员，1961年世乒赛男团决赛中扣杀日本名将星野的"12大板"更是成为乒坛永恒的经典。他擅长直拍快攻打法，技术全面，战术灵活，球路变化多，打球有头脑、善于思考，素有乒坛"智多星"之称。（见图5-6）

图5-6　徐寅生

　　徐寅生应邀给女队的讲话整理成了文章，这就是《关于如何打乒乓球》，其中涉及技术与心理、苦练与巧练、学习与创新等，闪烁着中国智慧的光芒。这篇文章被贺龙副总理推荐给毛主席看。毛主席十分重视并大为赞扬，亲笔做了批示，认为全文充满了唯物辩证法。1965年1月17日，《人民日报》全文登载了徐寅生的文章，并加了编者按，号召大家"从中学到辩证唯物论，学到毛泽东思想"。于是，徐寅生的这篇讲话成为当时各行各业，特别是体育界学习必读材料。

　　智慧照亮了前行的道路，国家女队通过积累、沉淀、转型、创新，终于在1965

年第 28 届南斯拉夫世乒赛上首夺女团和女双两项冠军,开启了中国女队的辉煌之路。

二、从认识到实践——关于如何打好乒乓球

《关于如何打乒乓球》这本小册子中关于如何打好乒乓球的思考和总结实质上是中国乒乓人对乒乓运动规律的思考和认识。在今天看来,虽然某些具体的技战术已经不再适用,但是其中的"智慧"依然闪烁着光芒,具有很强的借鉴和启示意义。

讲话包括四个部分。一是这几年来是怎么打球的。过去打球没有责任心,后来慢慢懂得了为谁打球的道理。在比赛时,要多想有利条件,少想不利条件;多从国家利益考虑,少想个人得失。二是雄心壮志问题。树立雄心壮志要靠平时努力,要为国家荣誉去"搏",敢于挑担子,万一输一场也要顶得住。三是信心问题。信心要靠平时事事处处来建立和培养,要带着"敌情"观念练好技术,带着为祖国争取荣誉的心去打球。四是当前女队存在的五个主要问题。

从讲话中我们不难看出,想打好乒乓球,不是单一要素或某几个要素的简单堆砌,而是需要综合的、整体的掌握与提升,需要技术与心理、苦练与巧练、学习与创新等的全面准备。

首先,要打好乒乓球就必须攻守兼备,能在控制与反控制中实现自如切换,不仅能熟练变换正反手,有的时候甚至还要能够实现左右手击球的互换。在《关于如何打乒乓球》这篇文章中,徐寅生对女队队员说,女运动员削球只讲削得低、削得稳,不讲究进攻,这样就不能扰乱对方,练削球防守时,不能只想到守,有机会时也要争取反攻,强调要重视攻守的转换。

徐寅生还强调,训练中还要注意抓主要技术,不要光练自己不足的方面,特长反而练得少了;主要技术要紧紧抓住不放,反复练习,不断提高。比赛时最重要的一条是想办法发挥自己的特点与优势。我们看到所有成名的运动员基本上都有自己鲜明的技术特点,有自己主要的技术优势,这就是要求运动员在训练和比赛中不断摸索适合自己的技术打法,并从众多的技术中找到主要技术,并不断强化,最终在比赛中做到扬长避短。

现在许多顶级高手对控制注入了积极主动的内涵,从而牵制对方,赢得主动。

如有质量的摆短（速度快、旋转强、弧线低、变化多），就能使对手难以挑打，质量下降或者回摆冒高。又如，有意识地运用高质量的劈长结合反冲，就能在反控中赢得先机。总之，要打好乒乓球，必须重视控制与反控，将意识与技术运用紧密地结合起来，使其真正能为后面的衔接进攻创造更为有利的机会。

其次，要打好乒乓球就必须能够吃得了苦、下得了功夫。"台上一分钟，台下十年功"，好的乒乓球运动员是一次又一次努力地挥拍、一滴又一滴地流淌汗水、一个又一个地击球练出来的。技术如此，信心也是这样，"信心要靠平时培养，一抓住球拍，就要想到自己的任务，为它做准备"。只有平时多积累才能铸就最终的辉煌。

再次，要打好乒乓球就必须能够与时俱进、勤于学习。徐寅生在讲话中明确指出："有些人不敢学别人的东西，怕学不好，反而影响原来的技术。有些人满足于现状，虽然水平不高，也觉得马马虎虎可以过得去了，就不想再学，这是不对的。"只有敢于学习新东西的人才能够取得不断的进步，但不是说就直接照搬、照抄新东西。"学会总结好的训练方法。自己在练习中，应当注意哪些训练进步快，哪些方法用处不大，好的总结再发展，不好的可以改进。"

最后，要打好乒乓球就必须能够与"敌人"为友，能够同寂寞做伴。没有谁是天生的冠军，每一个冠军都曾是其他人的陪练，在中国乒乓球队走向长盛不衰的过程中，除了运动员能够同寂寞做伴，还要感谢那些在背后默默付出的陪练团队、保障团队、研发团队，正是他们的牺牲与奉献才造就了中国乒乓球的辉煌。中国乒乓球队能够保持长盛不衰的原因，除了自身的不断发展之外，也得益于"敌人"发展强大所带来的压力和动力。这种压力和动力部分也正是来自我们的"援外"——养狼计划。"敌人"的发展与强大，敦促中国乒乓队始终保持着发展的动力，也推动了乒乓球运动的整体发展。

三、国乒长盛不衰的秘密——中国智慧

（一）充满"矛盾"的智慧

《关于如何打乒乓球》，这篇文章是中国乒乓球人对于如何打好乒乓球的思考，里面充满着中国智慧，充满了辩证唯物论。

什么是唯物辩证法？它是由马克思首先提出，经其他马克思主义者继承和发

展,关于自然界、社会和人类思维发展一般规律的科学,是人们认识世界和改造世界的根本方法。

马克思认为:"辩证法在对现存事物的肯定的理解中,同时包含对现存事物的否定理解,即对现存事物的必然灭亡的理解;辩证法对每一种既成的形式都是从不断的运动中,因而也是从它的暂时性方面去理解;辩证法不崇拜任何东西,按其本质来说,它是批判的和革命的"。① 事物的发展都是有规律的,唯物辩证法揭示了事物变化发展的一般规律,即对立统一规律、量变质变规律和否定之否定规律。对立统一规律是唯物辩证法的实质和核心。对立统一规律揭示了事物普遍联系的根本内容和变化发展的内在动力,从根本上回答了事物为什么会发展的问题,也提供了人们认识世界和改造世界的根本方法——矛盾分析方法。毛泽东在《矛盾论》中指出:"辩证法的宇宙观,主要地就是教导人们要善于去观察和分析各种事物的矛盾的运动,并根据这种分析,指出解决矛盾的方法。"② 习近平也指出,人的认识活动和实践活动,从根本上说就是不断认识矛盾、不断解决矛盾的过程。③ 在中国的传统文化里,自古以来就有"矛盾"的概念,"一阴一阳之谓道""祸兮福所倚,福兮祸所伏""反者道之动""一分为二,合二而一"等简明的语言中蕴含着中国人矛盾观的深刻内涵和意义。

唯物辩证法强调,矛盾存在于一切事物中,存在于一切事物发展过程的始终,矛盾双方既对立又统一。矛盾的对立属性又称斗争性,统一属性又称同一性,矛盾的同一性和斗争性相互联结、相辅相成,斗争性寓于同一性之中,同一性通过斗争性来体现。乒乓球是一项竞技运动,"攻与守""控制与反控制"作为其核心要素展现的就是矛盾的对立与统一。

中国乒乓球人在思考和探索如何打好乒乓球的时候将唯物辩证法运用到乒乓球运动中,运用矛盾分析方法对乒乓球运动进行了准确而深入的分析,充分认识和利用乒乓球运动的规律。从训练到比赛始终强调运动员要能够"攻守兼备",既能攻得出去、守得回来,也能攻中带守、转守为攻,实现控制和反控制的有效转换。比如,徐寅生在给女队的讲话中就要求队员"削球不是仅仅为了防守,为了稳",而应该考虑"主动进攻",实现攻守转换,实际上就是准确把握了"攻与守""控

① 马克思,恩格斯.马克思恩格斯选集(第2卷)[M].中共中央编译局,编译.北京:人民出版社,2012:94.
② 毛泽东.毛泽东选集(第1卷)[M].北京:人民出版社,1991:304.
③ 习近平.辩证唯物主义是中国共产党人的世界观和方法论[J].前线,2019(01):4-7.

制与反控制"和矛盾双方的"对立与统一",不仅看到了矛盾双方的对立,更是看到了矛盾双方的相互依存,尤其是在一定条件下可以实现向对立面的转换。乒乓球运动的长期发展已经证明一个事实,从来就没有纯粹的防守和进攻,要想打好乒乓球就得能够运用对立统一规律来把握乒乓球运动的规律,这就是中国人的智慧。

矛盾不仅具有普遍性,还具有特殊性。矛盾的特殊性是指各个具体事物的矛盾、每一个矛盾的各个方面在发展的不同阶段上各有其特点。矛盾分析方法的核心要求就是要善于分析矛盾的特殊性,做到具体问题具体分析。毛泽东在《矛盾论》中指出,"马克思主义最本质的东西,马克思主义的活的灵魂,就在于具体地分析具体的情况"①。只有具体分析矛盾的特殊性,才能认清事物的本质和发展规律,并采取正确的方法和措施去解决矛盾。虽有公孙龙"白马非马"割裂矛盾的普遍性和特殊性的个例,但中国人自古以来是很懂得妥善应对矛盾的特殊性的,既可以"见微知著""一叶知秋",也可以"同病异治,异病同治"地"对症下药",更不要说"一把钥匙开一把锁"几乎是各个时代中国人的共识。所以,中国乒乓球人也在乒乓球运动的发展中充分做到了具体问题具体分析。

以运动员培养和技术打法的形成为例,我们来看一个非常鲜明的对比:身高155厘米的邓亚萍和186厘米的王励勤,看上去似乎是"最萌身高差",但根据不同的身高形成了截然不同的但又适合他们自身的打法。邓亚萍的技术特点是快速、迅猛、搏杀性强,王励勤的技术特点是力大、全面、控制性强。正是因为能够具体问题具体分析,真正地做到了量体裁衣,他们才能够打出特点、形成优势。尤其是邓亚萍,因为身高较矮她曾经被质疑到底是否适合乒乓球运动,但她做到了具体问题具体分析,依据自身条件练就了独步天下的技术。她的恩师张燮林和双打搭档乔红评价邓亚萍说:身高对她而言不是劣势,反而成了优势,因为所有球对她而言都可以算是高的,她就没有不能扣杀的球。原本身高的劣势,在邓亚萍独特的符合自身的技术打法里反而成了"得天独厚"的优势,这不仅是尊重矛盾的特殊性,做到具体问题具体分析的典型案例,也是在一定条件下实现矛盾双方相互转化的具体体现。

如果从中国乒乓球运动的整个发展史来看,乒乓球作为"舶来品"之所以能够

_____

① 毛泽东.毛泽东选集(第1卷)[M].北京:人民出版社,1991:312.

成为"国球"是有其特殊的原因的。一是乒乓球适合国人的体质，开展条件不苛刻，所以可参与性强、群众基础广泛。二是乒乓精神与时俱进、历久弥新。1959年，容国团夺冠归国后，同中国乒乓球队的其他队友一起受到了毛泽东主席、周恩来总理等国家领导人的接见，周总理更是把容国团夺冠和十周年国庆列为当年的两大喜事。此时的中华人民共和国刚刚实现了从东亚病夫到站起来的伟大飞跃，开启了社会主义建设的新征程，面对国内外的困难与挑战，中国人迫切需要些什么来证明，也需要些什么来激励。容国团夺冠不仅证明了中国人一样可以站上世界最高的领奖台，这是中国乒乓球和中国体育腾飞的起点，极大地激励了国人，增强了民族自豪感和民族自信心，成了社会主义建设新征程中一股强大的精神力量。而之后随着中国乒乓球队成绩的一路向好，越来越多的人喜欢乒乓球、参与乒乓球，并被乒乓精神深深影响。三是乒乓球在中国外交史上留下了深刻的印记，也就是我们所知道的"小球转动大球"，为中国的长治久安作出了巨大的贡献。也正是因为这些特殊的条件，才使得小小乒乓球成了我们的国球。矛盾的普遍性和特殊性是矛盾问题的精髓，不懂得其辩证关系就不能真正掌握唯物辩证法，就无法形成科学的认识方法。中国乒乓球在长期的发展过程中，准确把握了矛盾的普遍性和特殊性，中国乒乓球长盛不衰的秘密也在于做到了具体问题具体分析。中国乒乓球的发展走出了一条既能兼容并蓄、又能自主创新的道路，而其中最大的秘密就是"走适合自己的道路"，这也就是我们常说的，我们的发展道路为世界其他国家想寻求适合自己的发展乒乓球道路提供的中国智慧和中国方案。

在中国人的矛盾观里，有一种独特的智慧——"持盈"，"持"意为保持、执持，"盈"意为盈满、圆满。中国人看到了任何事物都是矛盾的统一体，看到了矛盾双方的对立和统一，比如《老子》讲"有无相生，难易相成，长短相形，高下相倾，音声相和，前后相随"；中国人也看到了矛盾的相互转化，强调事物发展到一定程度就会向相反的方向转化，"反者道之动""物极必反""月满则亏""水满则溢"说的都是这个道理。所以，持盈是一种极为难得而独特的矛盾状态，更是一种难以长期保持的状态。《国语·越语下》里说到"夫国家之事，有持盈，有定倾，有节事……持盈者与天，定倾者与人，节事者与地……天道盈而不溢，盛而不骄，劳而不矜其功"。刘禹锡在《上门下裴相公启》中感慨，"然持盈之术，古所难也"。苏辙在《〈元祐会计〉序》中直言"臣历观前世，持盈守成，艰于创业之君"。如此种种，都表明

"持盈"之艰难。但是,中国乒乓球队的发展却能够做到"持盈",能够保持长盛不衰,其关键就在于能够准确地分析矛盾、把握矛盾,并能够利用矛盾来实现自身的发展。比如在中国乒乓球的发展历程中,中国人所考虑的从来不仅仅是自身的发展壮大,而是以胸怀"天下"的观念去推动乒乓球运动的整体发展。"一枝独秀不是春,百花齐放春满园",长盛不衰不是永远的一家独大,而是在共同发展中的保持优势。为此,中国乒乓球人积极主动地去帮助"对手"发展壮大,为自己培养和树立更强大的"敌人"。"对手"和"敌人"的强大反过来让中国乒乓球人懂得要始终保持领先就必须不断地增加竞争力、不断地实现高质量的发展,也只有这样,中国乒乓球队才能长期地"持盈",这也正是中国人独特智慧的体现。

(二)"普遍联系"的智慧

唯物辩证法认为,世界上的万事万物都处于普遍联系之中。恩格斯在谈到事物普遍联系的"辩证图景"时指出,"当我们深思熟虑地考察自然界或者人类历史或我们自己的精神生活时,首先呈现在我们眼前的,是一幅由种种联系和相互作用无穷无尽地交织起来的画面"[①]。普遍联系引起事物的运动和发展。联系和发展的观点是唯物辩证法的总观点和总特征。

联系具有普遍性,要求人们应该用整体的、全局的、系统的眼光看问题。中国人自古以来就反对"只见树木不见森林"的方式,而十分重视整体规划、全局把握,这也正是中国乒乓球运动整体实现持续、稳定、快速发展的前提与基础。

首先,中国乒乓球长盛不衰的秘密背后,支撑它的是中国独特的乒乓球运动员培养体制。这个体制是其他国家所不能比的,它由国家统筹,具备良好的顶层设计与中长期发展规划;它有庞大的群众基础,具备最大范围的选材空间;它有完善的培养体制,具备强大的造血和更新换代能力;它有良好的动态调整机制,具备与时俱进的调整能力。自20世纪60年代以来,中国乒乓球队坚持高度集中的训练体制,汇集了全国各种打法的高水平选手,组成了"乒乓小世界",创造了优良的训练条件,在食宿、医疗保健、后勤服务各方面都给予了充分保障。通过模拟训练,主力队员们天天都在与"世界强手"较量,有针对性地磨砺本领;一些初出茅庐的年轻小将,也往往能把世界名手拉下马,爆出冷门。在这个体制下,不仅大量的

---

① 马克思,恩格斯.马克思恩格斯选集(第3卷)[M].北京:人民出版社,2012:709.

运动员被培养出来,而且优秀的运动员也不断地涌现,形成了激烈而残酷的竞争。因此出现了众多走出国门、更换国籍以寻求更大舞台展示自己的运动员,也在相当长时间内形成了"中国打中国"的局面。

其次,中国乒乓球长盛不衰的秘密背后,支撑它的还有独特而完善的辅助团队,如教练员团队、技术研发团队、后勤保障团队、陪练团队等等。2019年2月,中国乒协公布了备战东京奥运会战略体系,分为国家队、指挥部、参谋部、保障部4部分。总指挥为中国乒协主席刘国梁。参谋部由资深主教练、大满贯运动员以及男女队主教练组成,指挥部由国家队核心教练员组成,保障部为奥运战略参战人员提供信息、科研、营养、医务、体能、康复等保障,全面落实参谋部和指挥部的各项工作。其中虽没有提到却始终起着至关重要作用的"陪练团队",是中国乒乓球长盛不衰的公开的秘密武器。国家队陪练都是选拔自省级头号球员,他们根据自己的打法去模仿特定目标,并与顶尖球员一起训练,帮助他们应对特定风格的打法,从而确保主力队员在国际赛场上击败有威胁的对手。我们熟知的不少金牌选手其实都是"陪练"出身。像张怡宁最早就作为邓亚萍的陪练升入国家一队,王皓最早是马琳的陪练,而张继科又曾经是王皓的陪练。正是一代又一代的"无名英雄"的付出与奉献,才造就了一代又一代的"夺金英雄"。

最后,中国乒乓球长盛不衰的秘密背后,除了构建独有的体制,形成了群众性运动、专业培养、职业联赛、国家队比赛的良好循环之外,还在于努力推进整个乒乓球运动在全世界的发展。"一枝独秀不是春,百花齐放春满园",只有乒乓球运动整体发展了,中国乒乓球才能持续发展。徐寅生在担任国际乒联主席期间,为了乒乓球运动的整体发展做出了巨大的贡献,其中就包括力推乒乓球进入奥运会成为正式的竞赛项目以及积极推动40毫米乒乓球取代38毫米小球。尤其是小球改大球,曾被很多人误解为是专门针对中国队而进行的调整,殊不知却是一个中国人为了增加乒乓球比赛的回合数、提升比赛的观赏性、提高乒乓球运动的吸引力,最终推动乒乓球运动的整体发展而做出的努力和尝试,是没有任何私心的、胸怀天下的担当。与之相应的还有我们积极推行的"养狼计划",既派出高水平的教练员到众多国家和地区进行指导或执教,也接纳世界各国的优秀运动员来中国训练、学习或参加职业联赛,大大促进了世界乒乓球运动的整体发展。

（三）"永恒发展"的智慧

唯物辩证法强调，事物的相互联系包含事物的相互作用，而相互作用必然导致事物的运动、变化和发展。发展是前进的、上升的运动，发展的实质是新事物的产生和旧事物的灭亡。整个世界是永恒运动和无限发展的世界，要求我们要用发展的眼光看问题。中国人自古以来就懂得用发展的眼光看问题，"穷则变，变则通，通则久"强调万事万物处于不以人的意志为转移的运动之中，"沉舟侧畔千帆过，病树前头万木春"揭示了发展是事物变化中前进的、上升的运动，其实质是新事物的产生和旧事物的灭亡，"路漫漫其修远兮，吾将上下而求索"阐明了事物的发展需要一个过程，"江山代有才人出，各领风骚数百年"运用了历史发展的眼光来看待问题，"历尽天华成此景，人间万事出艰辛"看到了事物发展是前进性和曲折性的统一。用发展的眼光看问题，就是在乒乓球运动的发展中不仅要把握其变化发展的规律，还要保持与时俱进、坚持创新。

创新在乒乓球运动中始终处于至关重要的地位。乒乓球运动发展史上，乒乓球、乒乓球拍等器材的创新曾对乒乓球运动产生了巨大的影响。1902 年，英国举行了历史上首次乒乓球比赛，一位名叫古德的运动员将一块带有颗粒的胶皮贴到了球拍上，使拍与球之间的摩擦力大大增强，旋转有了显著的提高。古德凭借颗粒胶皮球拍在此次比赛中一举夺冠。从此，乒乓球运动进入了一个崭新的旋转时代。1951 年，奥地利人用泡沫橡胶作为拍面覆盖物，改革创新了海绵球拍。1952年的第 19 届世乒赛上，日本队的佐藤博治用厚达 8 毫米的海绵球拍运用远台长抽以攻为主的技术，一举夺得了男单冠军，打破了欧洲选手的霸主地位，令人刮目相看。乒乓球运动也进入了快速进攻时代。1959 年，中国发明了长胶胶皮，在 1963 年的第 27 届世乒赛团体决赛时，张燮林首次使用了长胶胶皮，利用长胶的奇特性能，连削带扣、刚柔并济，把日本选手打得晕头转向。20 世纪 70 年代初，中国人又利用长胶发明了两面倒板打法，借助两面胶皮的不同性能，开创了怪球时代。而且胶粒越整越长、球越打越怪，迫使国际乒联不得不对胶皮颗粒的长度、两面海绵的颜色加以限制。再后来，国际乒联更是对乒乓球拍的底板、胶皮、胶粒、胶水等各方面从材质、厚度、长度乃至反光都做了极为细致的、量化的规定。

虽然在乒乓球运动发展史中，乒乓球、球拍、球台等器材从外观、大小、重量到材质都经历了漫长的演变和改进的过程，比赛规则也发生过重大变化，从而引起了乒乓球运动的改变和世界各国乒乓球队成绩的变化,但这些改变和变化只是表面的或者是暂时的。器材和规则的改变是外因,是偶然的。无论是个人还是国家的水准能够保持长盛不衰的关键是技术打法的创新。日本队之所以能在 1952 年至 1959 年间称霸世界乒坛,关键就在于顺应乒乓球打法从单纯防守转向以攻为主的潮流,通过技术创新,使用海绵拍以中远台长抽进攻为主,凸显力量大、攻击性强的技术特点,完全压制了欧洲人的削球打法。而 20 世纪 60 年代初期,中国队以直拍近台快攻和逐步形成的"快、准、狠、变"的技术风格,征服了日本的直拍进攻型打法和欧洲的横拍防守型打法,在一段时间里处于领先地位,其原因也在于技术创新。之后,日本人再次进行技术创新,率先发明了弧圈球。接着欧洲人将中国的快攻和日本的弧圈融于一体,创造了横拍全攻型新打法,开创复兴欧洲乒乓球运动的新天地。面对欧洲乒坛的重新崛起,中国队一方面重视器材的完善,改进球拍的性能,另一方面则更加重视技术打法的创新,在"快、准、狠、变"的原有技术风格的基础上加上"转"字,使速度、力量、旋转、弧线和落点 5 个要素更紧密地结合,大大提高了对付横拍全攻型打法的能力,很快又取得乒乓球技术的优势。

所以,中国乒乓球人始终坚持用发展的眼光看问题,始终把创新放在首位,这是中国乒乓球长盛不衰的最重要原因。而且最关键的是,中国乒乓球队的创新始终抓住核心要领——内核创新,即重技术和制度的创新,所以无论器材怎么变、规则怎么改,中国乒乓球队都能够迅速地进行技术创新和制度创新,从而才能长期处于优势地位。

尽管乒乓球比赛规则一改再改,从 21 分到 11 分,从小球到大球,再到无遮挡发球等,一次次给国乒出着"难题",但中国乒乓球人却始终坚持以不断创新来应对"难题"。据统计,1926 年至 2007 年间,世界乒坛 13 项发明中,仅中国就占 7 项,比例高达 53.3%;而世界乒坛的 23 项技术创新中,14 项来自中国,占到总数的 61%[①],比如创新的前三板、发球抢攻、直板横打、台内拧拉、挑打技术,以及低抛转不转发球、高抛转不转发球等。技术打法的不断创新正是中国乒乓球运动员能够长期在世界赛场称霸的基础。

当然,技术创新不仅仅是技术打法的创新,也包括科技的创新。近年来,科技的发展、人工智能的普及和应用,已经对乒乓球运动产生了巨大而深远的影响。

① 徐寅生,谢琼桓,姚振绪等.乒乓长盛的训练学探索[M].北京:北京体育大学出版社,2002:84-92.

上海体育学院中国乒乓球学院与新松机器人自动化股份有限公司合作,研制出两代庞伯特(Pongbot)乒乓球对打机器人。尽管对打机器人只有一条机械臂,但已经可以实现人机对战。随后又研发出发球机器人。发球机器人拥有两条机械臂,可以一只手出球,一只手执球拍击球。和传统发球机直接快速出球相比,发球机器人高度还原了真人发球动作,为运动员提供了观察"对手"的时间,锻炼了运动员的反应能力和对球的处理能力。乒乓球机器人依托强大的观察、分析和学习能力,既能够实现利用科技手段助力运动员更好地训练的目的,也能更好地推动乒乓球运动的普及。

为了适应不断变化的时代,中国乒乓球人除了技术创新还与时俱进地进行了体制的创新,现任中国乒协主席刘国梁是创新精神在新时代最鲜活的代表。运动员时期,刘国梁的直拍横打绝招震惊乒坛,帮助20世纪90年代陷入低谷的中国乒乓球男队重返巅峰;教练员时期,他创立"直通赛",用公开、公平的方式鼓励队内竞争,提高运动员积极性;而在执掌中国乒协后,刘国梁更是加大了改革力度,带领乒协在奥运备战、职业体育、全民健身、青少年培训、市场开发、国际交流等诸多方面开展创新实践。比如备战东京奥运会的战略体系、"地表最强12人直通赛"的创新选拔模式,再比如为了激发国乒的活力,首次推动了国家队教练组的改革:一是将运动员层面的内部竞争扩大到教练组,促进优胜劣汰和推陈出新;二是充分尊重运动员的合理权益,推动运动员自我管理,成立专属于他们的运动员委员会,让教练员和运动员之间形成一个双向选择的机制。这种体制的创新极大地激发了中国乒乓球运动各领域的活力,保证了中国乒乓球队的竞争力和高水准。中国乒乓球人始终坚持的技术、制度的内核式、整体的创新,正是中国乒乓球队长盛不衰的最大秘密之一。

(于永超)

思考题

1. 中国乒乓如果想继续保持长盛不衰,需要坚持什么? 需要调整什么?
2. 试分析中国乒乓的世界担当。

参考文献:

[1] 马克思,恩格斯.马克思恩格斯选集[M].北京:人民出版社,2012.

［2］列宁.列宁选集[M].北京：人民出版社,2012.

［3］毛泽东.毛泽东选集[M].北京：人民出版社,1991.

［4］习近平.辩证唯物主义是中国共产党人的世界观和方法论[J].前线,2019(01).

［5］徐寅生.我与乒乓球——徐寅生自传[M].北京：中国社会科学出版社,1995.

［6］徐寅生.我的乒乓生涯[M].深圳：深圳报业集团出版社,2021.

［7］王阳春,何元春.乒乓长盛与中国文化的深层结构[J].北京体育大学学报,2007(11).

［8］梁波.中国乒乓长盛的哲学思辨[J].南京体育学院学报,2009(05).

［9］李俊卿.乒乓球文化的中国传统哲学内涵深析[J].体育文化导刊,2017(09).

［10］国乒成立50周年 星光为何这般灿烂[N].人民日报,2002－07－10.

第六章　中国乒乓与工匠精神

导语

　　2020年,习近平总书记在全国劳动模范和先进工作者表彰大会上强调,要"大力弘扬劳模精神、劳动精神、工匠精神"。习近平总书记深刻指出,在长期实践中,我们培育形成了"执着专注、精益求精、一丝不苟、追求卓越的工匠精神。劳模精神、劳动精神、工匠精神是以爱国主义为核心的民族精神和以改革创新为核心的时代精神的生动体现,是鼓舞全党全国各族人民风雨无阻、勇敢前进的强大精神动力"。

　　"工欲善其事,必先利其器"。乒乓球运动员在赛场上取得的突出成绩,除了运动员高超精湛的球技,不畏强手、顽强拼搏、愈战愈勇的精神之外,也离不开乒乓器材和技术上的持续创新。

一、乒乓器材的基础知识

(一) 乒乓器材的基本构成

　　广义的乒乓器材包括乒乓球、乒乓球拍、乒乓球台以及其他与乒乓球运动相关的所有器材、设备。

　　1. 乒乓球

　　19世纪末,欧洲盛行网球运动,但由于打网球受到场地和天气的限制,英国的一些大学生就在室内以餐桌为球台,木板为球拍,打起了自制的室内网球。由于在击打过程中,球拍碰击到球时会发出"乒"的声音,落在球台上又会发出"乓"的声音,所以人们就把这种桌上网球叫作"乒乓球"。

　　乒乓球为高弹性的空心球,是最小的体育球类,分黄色和不反光的白色两种,没有光泽。早期用胶木制成,后曾改用橡胶。20世纪赛璐珞球被发明后,乒乓球一般用塑料或赛璐珞制成,分硬式球和软式球两种。1937年后,世界乒乓球锦标赛都使用硬式球,其弹跳标准是:球掉在一块标准钢板上之前,必须从305毫米的高处落下,弹起高度要求在235—255毫米之间。乒乓球弹起高度在235—241毫米之间称为低弹性,在242—248毫米之间称为高弹性。这对乒乓球的硬度提出了较高的要求,以保持球在飞行时的稳定性和落台时弹跳的一致性。

2001年国际乒联对乒乓球比赛规则进行重大改革,比赛用球的直径由38毫米增加到40毫米,并决定此规则从2001年9月1日开始实施。我们习惯于把前者称之为小球,后者称之为大球。大球比小球旋转减少23%,球速慢13%,弹起高少4.7毫米。乒乓球运动与乒乓器材自此进入"大球时代"。

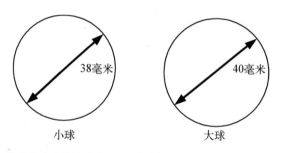

大球比小球旋转减少23%,球速慢13%,弹起高少4.7毫米

图6-1　大球与小球对比示意图

小球为什么变大球? 1996年,时任国际乒联主席徐寅生提出,乒乓球比赛的技术含量日益加大,但比赛观赏性非但没有增加,反而降低了,原因在于球速太快。要解决这一问题,加大球的直径似乎是一个有效的办法。随着时间的推移,这一提法终获国际乒联认可,并得以落实。

2. 乒乓球台

乒乓球台是乒乓球运动器材之一。国际标准的乒乓球台规格是长方形,通常长2.74米,宽1.525米。台面可由任何材料制作,具有一定弹性,上层表面叫比赛台面,离地面0.76米。乒乓球台的台面弹性标准是标准球从0.3米的高处落至台面,弹起的高度约为0.23米。台边各有2厘米宽的白线,长的称边线,短的称端线。台面中央有一条3毫米宽的白线,称中线,将两个乒乓球台区各分为左右两个部分(中线本身应被看作是右半边的一部分)。球台的颜色为墨绿色或深蓝色。

不论是墨绿色还是深蓝色,都是均匀的暗色,没有光泽。有些球台上面会有生产厂家的商标以及使用这个球台进行比赛的比赛名称。(见图6-2)

图6-2　红双喜金彩虹乒乓球台

3. 乒乓球场

乒乓球场即乒乓球运动比赛场地。正式比赛场地一般不得小于14米长、7米宽、4米高。周围需用75厘米高的暗色栏板围住,以同邻近的场地及观众隔开。台号应置于场地长边的栏板上,不能是白色。场地的地面不能呈白色,不能明显反光。比赛场地的地板应是不滑的硬木。光源离地面不得低于4米。比赛场地其他部位的照度不得低于200勒克斯,台面照度不低于400勒克斯。场地四周应为均匀一致的暗色,不应有明亮的光源或透过未加遮掩的窗子的日光。

4. 乒乓球网

乒乓球网也属于乒乓球运动器材,是指横在球台中间与端线平行、与台面垂直的网,包括网和网架两部分。网一般为绿色,用蜡线编织而成,长为183厘米,高为15.25厘米;网顶镶有宽度为1.5厘米的白布边;网架为暗色,不反光;网柱外缘离球台边线15.25厘米,网柱高15.25厘米,直径为2.2厘米,颜色应为不反光的深色,调节吊网细绳高度或紧度的设备,应装在网柱底部,不得突出柱身7毫米以上。早期乒乓球网高为17厘米,由于不利于进攻技术的发展,1937年,国际乒乓球联合会决定改为今制。

5. 乒乓球拍

乒乓球拍一般是木制,也可内夹少量的碳纤维或玻璃纸。球拍的底板应用整块木板制作,板面平整,厚度均匀。底板按照结构可以分为单桧板和夹板。夹板又分为三夹板、五夹板、七夹板以及更多层夹板。木板两面可覆盖海绵胶加颗粒胶皮。海绵包括传统高密度海绵与新型蛋糕海绵等。胶皮包括颗粒胶皮、防弧胶和反胶。颗粒胶皮又包括正胶、生胶、长胶、半长胶。平整的颗粒胶是指天然或合成橡胶，而不是海绵橡胶，在每平方厘米胶皮上均匀分布 10—50 个颗粒。海绵胶加颗粒胶皮的总厚度不得超过 4 毫米，颗粒胶皮厚度不得超过 2 毫米。按球拍的形状，可分为横拍和直拍；按球拍性能，可分为普通胶皮拍、反胶海绵拍、生胶海绵拍、长胶粒胶皮拍、正胶海绵拍和防弧圈海绵拍等。球拍的两面一般是一面为鲜红色，另一面为黑色。

球拍的大小、形状和重量不限。最早的乒乓球拍类似网球拍，后改为木拍。随后，各种性能不同的球拍相继问世。如法国选手埃洛瓦所使用的球拍是小提琴形状的，但并不违反规定。但是在使用材料上有一定限制，85％必须用木材，其余可以纤维方式出现，如编织碳。底板、胶皮和海绵三者的合理搭配决定了一块球拍的质量，因为这会影响运动时的速度、控制和弹性等。

6. 乒乓球拍常用的胶皮

(1) 正贴胶皮。顾名思义，正贴就是指把胶粒朝外贴在球拍上或海绵上。我们通常说的正胶胶皮厚度为 0.8—1.0 毫米，常被中国传统的直板近台快攻运动员所使用。这种胶皮在击球时不仅有较好的稳定性，而且反弹性也较大，容易发挥海绵及底板的作用，有利于提高击球的速度和力量。但是由于胶体的含胶量不是很高，颗粒比较硬，摩擦因数小，所以在制造旋转的性能上不如反贴胶皮。

(2) 反贴胶皮。反贴胶皮即胶粒朝内贴在海绵上。由于摩擦因数较大，因而特别有利于制造旋转，回球的稳定性也较好。由于反贴胶皮具有这个突出的优点，弧圈球选手和削球选手都喜欢使用它。现在反贴胶皮是世界乒坛各种打法的运动员普遍采用的主流装备。

(3) 长胶。一般来说，厚度超过 1.5 毫米以上的胶皮称为长胶。这种胶皮的胶粒很软，颗粒细长，支撑力小，它的主要特点在于：一是由于拍面打滑，长胶主动制造旋转的能力很差，因此用长胶发过去的球旋转很弱；二是长胶主要依靠来球的强旋转或冲力大来增加回球的旋转度。长胶胶粒在受到来球的压力时容易倾斜，在来球力量较轻或上旋较弱的情况下，颗粒受力后倾斜度较小，但其反弹速度却很快，常会在运动员还未用上力量去击球时球已经弹出去了，所以加转较难；在来球力量较大或上旋较强的情况下，颗粒受力后倾斜度较大，反弹速度会相对减慢,击球时颗粒同时也在恢复形状,对球起到一种鞭打作用,从而增加了击球的旋转。这就是进攻型选手在对付长胶削球手时,拉球越转对方削过来的球也越转的原因。长胶的这种受力越大旋转越强、受力越小旋转越弱的性能与普通胶皮的性能正好相反,所以常会给不适应这种胶皮的人带来许多麻烦。

(4)生胶。生胶胶皮和普通的正贴胶皮在规格上相似,但是胶体的含胶量比正贴胶皮要高,因此颗粒比较软,弹性相对也较大。与正胶相比,生胶的主要特点是出球速度明显加快,适合运动员自己主动发力。击球时,在重打的情况下,控制球的能力较好,且击出去的球略下沉。生胶的主要不足之处是摩擦因数小,不容易制造旋转。在轻打的情况下,稳定性不如正胶,往往出现击球打滑下网或使球产生飘浮的现象,在对攻中缺少回旋的余地。

(二) 乒乓器材的技术创新

我国清朝诗人赵瓯北有诗云:"满眼生机转化钧,天工人巧日争新,预支五百年新意,到了千年又觉陈。"[①]世界各国的竞技运动又何尝不是如此? 不管你掌握着何等先进的技术、战术,如果沉迷于传统之中、反对改革,如果满足目前成功的现状、故步自封、停滞不前,早晚都会落后、陈腐、僵化,这是一条经过历史验证的普遍规律。中国乒乓球队保持着长盛不衰的佳绩,这份成绩的取得,并非因为他们掌握着放之四海而皆准的秘密武器,而是因为他们在继承发扬技术特长的同时,能够针对世界乒乓球技术的发展趋势,特别是针对主要对手每个时期的技术特点,及时地调整自己的技术风格,进行技术创新,在适应与反适应、控制与反控制的矛盾中经常掌握着主动权,尤其在对体育器材应用创新上下了一番功夫。[②]

与篮球、田径运动不同,乒乓球是一项对器材和技术都要求极高的竞技运动。历史上每一次乒乓器材的发明突破,都带来了球技大幅提升。2003年巴黎世乒赛黑马朱世赫的成功,正是得益于他手中"武器"的创新。没有人知道朱世赫反手使用的胶皮究竟是什么模样、用什么材料制作而成的,也就无法判断和想象他回球的旋转以及强度了。这样一个新面孔,使用这种不为人知的胶皮,成就了"秘密武器"的美名。乒乓球世界冠军邱钟惠曾这样说过:"我觉得他反手很转,是比想象的要转得多,我们都看得出来。我估计跟球拍有关系,他的球拍是一种TSP的

① 赵翼.瓯北集(28卷)[M].上海:上海古籍出版社,1997:214.
② 汪玮琳,张允蚌,舒川.体育创造学概论[M].北京:中国经济出版社,2016:152.

胶皮,估计胶皮也是很特别的,跟一般的长胶、生胶都有所不同,所以他这个武器也帮了他很大的忙。乒乓球发展的技术、战术的创新很重要,但是在器材上的创新也很重要。"①

乒乓球技术的创新、规则的创新与器材的创新具有联动效应。据有关部门统计,近一个世纪以来,世界乒乓球技术、器材创新最突出的共 46 项,由中国原创的有 27 项,占创新总数的 58.7%。② 中国队十分注重在个人技术创新方面对运动员的培养。其中有:容国团的正手转与不转发球,徐寅生的正手奔球,李富荣的直拍近台左推右攻,庄则栋的直拍近台两面攻,张燮林的长胶粒直板削球打法,蔡振华的反胶与防弧圈相结合的全攻型打法,邓亚萍的横拍反胶与长胶全攻型打法,刘国梁的直拍横打、左推右攻和直板反面发球技术,阎森、马林的直拍反胶左推右攻加直拍横打,孔令辉的横板反手快"撕"技术,王楠的具有中国传统快速特征的反手连续快拉技术等。这些技术打法与器材创新,被业内人士称为"绝招",是中国队克敌制胜的十八般武艺,均先后为中国队夺冠立下汗马功劳。为提高乒乓球比赛的观赏价值,国际乒联于 2014 年推出乒乓球新规则,在相持技术、战术意识以及心理因素等方面带来了新的变化,进一步增强了比赛的专业性,对乒乓球运动的发展产生巨大的影响,这一过程包含了乒乓球运动的规则创新、器材创新和技术创新。

二、乒乓器材的中国制造

中国不仅是乒乓运动的竞技大国,也是乒乓器材生产和消费大国。半个世纪以来,中国乒乓器材从被外国人看不起,到现在成为奥运会、世乒赛的指定专用器材,这个发展同中国乒乓球运动的发展可以说是在同步进行。据统计,全球乒乓球一年的需求量大约是 2 亿只,目前超过 90% 的乒乓球在中国生产。国际比赛的三星用球大约为 5 000 万至 8 000 万只,其中中国制造的红双喜比赛用球就约占 60%。③

① 汪玮琳,张允蚌,舒川.体育创造学概论[M].北京:中国经济出版社,2016:156.
② 国家乒乓球队成立 50 周年　星光为何这般灿烂?[N].人民日报,2002 - 07 - 10.
③ 国家体育总局.赛璐珞有毒易燃　新材料乒乓球七月登场[EB/OL].(2014 - 04 - 11).https://www.sport.gov.cn/n20001280/n20745751/n20767297/c21218495/content.html.

（一）"红双喜"品牌在上海应运而生

驰名中外的"红双喜""双鱼"两大品牌是中国乒乓器材制造的典型代表。它们见证了中国与世界体育的无数荣耀时刻、无数场经典赛事、无数位传奇运动员。

1927 年中国第一只乒乓球诞生于上海。但当时的生产厂家设备简陋，生产方式原始，如同家庭手工作坊，靠几副乒乓球模具在煤球炉上架只铁锅或铝锅烧热水加温成形。那时候生产的彩色赛璐珞球，根本不能用于比赛。1937 年后，可用于比赛的连环牌有缝乒乓球问世，才给国内赛场没有中国品牌球的历史画上句号。1959 年是新中国成立的第 10 个年头，对于中国的乒乓球界来说，也是最具有纪念意义的一年。那一年，中国的第一个世界冠军诞生了，容国团在第 25 届世乒赛上获得男子单打冠军。那一年，中国还获得了承办第 26 届世乒赛的资格，这也是中国第一次获得这样的荣誉。

正是在这样一个充满喜庆气氛的年份里，红双喜品牌在上海应运而生。当时，为了能在即将到来的世乒赛上使用中国自己生产的乒乓器材，上海的相关厂家开始研制符合国际标准的器材。在这些器材中，最小最不起眼的、生产难度较高的，就是乒乓球，因为比赛用球的标准要求很高，有十多种技术指标。当时，我国的工厂只能生产一般用球，而世界大赛用的高级球都是由一家英国公司生产的。为此，成立于 1947 年的上海华联乒乓球厂（后改名为上海乒乓球厂）主动承担起试制高级比赛用球的任务。在其他几家工厂、科研院所的帮助下，上海华联乒乓球厂的工人师傅们通过反复的试制，仅用 3 个月时间，就制造出了各项指标全部合格的高质量乒乓球。徐寅生等国手们试打后也纷纷表示认同。与此同时，另一家上海工厂——上海木质体育器具厂（后改名为上海体育用品三厂）试制出了符合比赛标准的球台。周恩来在得知这一消息后，亲自为新产品定下"红双喜"的商标。这个充满喜庆意味的商标，寓意国庆十周年和容国团为中国获得第一个世界冠军这两个大喜事同时临门。①

国际乒联在一番测试之后，也认可了红双喜乒乓球、球台以及其他一整套器材。于是，在北京举行的第 26 届世乒赛上，红双喜乒乓器材闪亮登场，成为第一个在世界级比赛中使用的中国品牌运动器材。在 1965 年之后的许多次世界级乒

① 贾彦.上海老品牌［M］.上海：上海辞书出版社，2016：193.

乓球比赛中,也都使用了红双喜的乒乓器材。

红双喜品牌在改革的浪潮中不断发展,持续领军乒乓器材行业。1971年,中国乒乓球队使用红双喜器材重返世界乒坛,红双喜为中美乒乓外交做出了自己的贡献。2000年,红双喜为第27届悉尼奥运会提供赛事器材,成为中国首个奥运会器材供应商,此后,红双喜连续6次成为奥运会器材供应商。王励勤、刘国正使用红双喜"狂飙"套胶夺得奥运会冠军,开启了"狂飙"传奇。也是2000年,红双喜40毫米乒乓球技术标准被国际乒联采纳为国际标准,由此确立了红双喜在世界乒乓领域内的领导地位。2005年"透明概念"首次引入球台,红双喜为第48届上海世乒赛研发了透明彩虹球台,并设计了电子计分器和计分系统。2014年在德国杜塞尔多夫举行的乒乓球男子世界杯上,红双喜新材料乒乓球成为新球时代的第一个世界大赛用球。2016年继赛福新材料乒乓球后,目前世界上圆度最好的乒乓球——"赛顶"乒乓球问世。红双喜的品牌代言人有中国乒乓球队的徐寅生、李富荣、张燮林、蔡振华、邓亚萍、王励勤、王楠、马琳、刘国正、马龙、丁宁、李晓霞等。(见图6-3)

图6-3 红双喜"赛顶"乒乓球介绍(图片来源:上海红双喜股份有限公司网站)

中国乒乓器材制造商比较有影响力与代表性的企业,除了红双喜,还有双鱼和729。广州双鱼体育用品集团有限公司是中国最大的体育用品生产商之一。双鱼集团拥有目前国内最先进的球台生产线,最大型的体育器材生产基地和球类生产基地。1960年广州双鱼体育用品厂成立;1974年注册双鱼牌乒乓球;1987年,在广州举办的第六届全运会,双鱼首露头角;1995年,在天津举行的第43届世乒赛上,双鱼第一次用于顶级国际赛事;1997年广州双鱼体育用品厂联合广州二轻系统属下文体行业的企业组建成广州双鱼体育用品集团有限公司;1999年,在第 45 届世乒赛中,双鱼首次走出国门;2003 年,双鱼为国际乒联职业巡回赛总决赛专门设计的展翅形的新概念球台,获得国际乒联主席沙拉拉好评。[①] 该企业生产的玑迹乒乓球套胶,采用了胶皮黑科技——"逆渗透"专利技术,胶皮内存"新型粘性分子",可使胶皮表面保持持久粘性。同时,颗粒柔软度高,能有效提升乒乓球和胶面的接触面积,每次击球都能产生充分的变形度,且恢复快、减震好。传统套胶粘性容易减退皆因传统粘性分子会受阳光、空气、水分等因素影响而产生氧化反应,自然损耗,而"逆渗透"技术下的新型粘性分子化学状态稳定,不易氧化损耗。同时,"逆渗透"技术让新型粘性分子储藏在胶皮内部而非传统工艺的胶皮表面,在胶面原有粘性减退的情况下,新型粘性分子可自行释放补充,确保胶皮表面能保持持久粘性。

友谊 729 品牌诞生于天津海河边的一个小院,经历了从无到有、从小到大的艰辛奋斗过程。友谊 729 是一家以天津橡胶工业研究所为基础发展而成、致力于服务乒乓球国家队的企业。该企业 2001 年搬到天津北辰开发区,步入现代化发展的新时期。伴随着国际乒乓球运动的发展,对标国际乒联一系列技术标准的变革,729 品牌不断创新,率先在国内研发出环保型胶水并通过国际乒联机构的检查,推出 729 -奔腾系列粘性套胶、729 -闪现系列涩性套胶,为乒坛骁将摘金夺银提供有力的保障。729 在乒乓器材套胶技术领域已经大大领先国内同行。目前,729 品牌的乒乓器材已经实现乒乓行业全覆盖,还开发了其他体育器材与产品,在全社会形成较高的品牌知名度,得到众多消费者的信赖与赞扬。诚如中国乒协所言,"为中国乒乓球运动的长盛不衰,甘当幕后英雄"。这是对 729 品牌的肯定,也是对其"经典传承,匠心智造"企业发展宗旨的最高褒扬。

(二) 乒乓球机器人成为解决乒乓球训练难题的"杀手锏"

乒乓球在训练过程中有不少困难,其中之一是必须有人陪练,而对于陪练的选手要求又很高。为了达到预期的训练效果,就必须先对陪练的选手进行严格的挑选。要想训练对付快攻选手的技术,就必须找一个快攻选手。要想训练对付弧圈球的本领,又必须找一个弧圈球选手。由于乒乓球击球技术多种多样,因此要训练一名具有全面作战能力的优秀乒乓球选手,就要有各种打法的高水平选手陪

---

① 老品牌之双鱼牌解密:品牌扩张遭遇商标尴尬[EB/OL].(2004 - 09 - 17).http://www.gdta.com.cn/generalize/ppgs/8141.html.

练,这无疑是很困难的。其次,陪练中还必须频繁地捡球。据统计,在 60 分钟的练球时间内有 30—35 分钟是花在捡球上的。再次,一个陪练选手的某项技巧再高,也不能做到连续打出的每个球都合乎训练要求。比如一个弧圈球选手,往往要打十几板或几十板才能打出为数不多的、高质量的弧圈球。这就使训练的效率难以提高。另外,陪练选手的体力消耗也很大,特别是拉弧圈球,时间长了,容易因过度疲劳而引起运动创伤。乒乓球训练中的这些困难如何克服呢? 出路之一是以机器训练部分地代替人工陪练。

发球机器人应运而生。1964 年,瑞典首先设计并制成了乒乓球多球发球机。这就是第一代乒乓球机器人,这种机器人可以代替教练或陪练选手,连续不断地发出各种性能的球。这种机器向其他国家销售后,引起了乒乓球界的兴趣和重视,各国都纷纷开始制造。至今,瑞典、日本和美国等国,都已生产了多种类型的乒乓球机器人。我国在 1964 年从瑞典引进了一台乒乓球发球机器人。1970 年,为了对付欧洲崛起的弧圈球,我们在北京试制了两台命名为"为祖国争光"的发球机。经过不断努力,1975 年在上海体育器材二厂研制出第一台电子控制的双头多球发球机。多球训练法和乒乓球机器人作为一种创新的训练法,在球类项目中产生了广泛的影响,各种球类的机器人竞相问世,美国制造了网球发球机,日本制造了棒球发球机。[1] 1984 年由国家体委科研所设计、沈阳飞机制造公司制造的松陵牌 B-83 型乒乓球发射机(俗称"乒乓球机器人")诞生。这种机器人有两个机械臂,在电控系统的操纵下,可以单臂发球也可双臂同时发球。每分钟射出各种长短、旋转弧圈球 25 只至 90 只。专家鉴定后,认为其性能达到世界先进水平。[2]

(三) 能够和人类打乒乓球的"机器人"

2011 年、2012 年,中国和德国的科学家分别宣布研制成功具备快速反应能力的机器人。目前,乒乓球人工智能机器人已经迭代至第三代。2020 年,由校企合作研发的庞伯特乒乓球发球机器人 M-ONE 正式推出[3]。通过人工智能算法和高度类人的机械机构,M-ONE 能够模拟教练完成乒乓球训练中的喂球动作,并实时反馈回球数据和质量,帮助受训者更直观地了解自己的水平,同时减轻教

---

① 武汉体院学报编辑部.体育文摘[G].武汉:武汉体育学院学报编辑部,1981:129.
② 吴兆祥.体育百科大全(39):新闻·奖励·组织·团体[M].合肥:安徽人民出版社,2008:41.
③ 中国乒乓球学院合作研发的庞伯特发球机器人首次亮相[EB/OL].(2020-03-30).http://cttc.sus.edu.cn/info/1133/2605.htm.

练的体能消耗。它的推出不仅改变了运动员的训练方式，还进一步颠覆了乒乓球赛事的呈现方式，并已在国家高水平的体育类院校得到批量应用。有了机器人，也许将大大缩短一个世界冠军的培养周期。更令人期待的是，乒乓球发球机器人 M-ONE 或许能够对每个人的生活产生影响。

三、乒乓器材的世界制造

"他山之石，可以攻玉。"中国乒乓运动器材生产制造要保持领先优势，必须坚持开放的心态，及时了解世界各国乒乓运动器材生产制造的最新技术和最新成果，在自强自立、开拓创新的基础上，学习和借鉴他国生产制造领域的先进技术和生产文化。同时，也只有真正了解了乒乓器材世界制造的真实情况，才能给我国乒乓器材生产制造以理性的认识，并为我国的乒乓球运动的发展，包括竞技体育和全民健身等领域的不断发展进步提供更好的科技支持和服务保障。驰名全球的乒乓器材品牌颇多，除了上文提到的我国的红双喜、双鱼等品牌，日本、德国、瑞典等也都是知名乒乓球运动器材生产制造的强国，有着一众良好声誉和口碑的乒乓器材产品。在此，我们仅以日本的尼塔库（Nittaku）、德国的优拉（Joola），瑞典的斯帝卡（Stiga）等为例做一个简单说明。

（一）乒乓器材的日本制造

乒乓球传入亚洲，日本算是最早开展该运动的国家之一。一种比较可信且有记载的说法是在 1902 年，东京高等师范学校的教授坪井玄道从欧洲把乒乓球带回东京。当时日本叫它"卓球"，并一直沿用到现在。据说乒乓球在欧洲时打球者都是横握拍，而日本惯用直拍，这与当时日本也习惯用筷子有着密切关系。[1] 2017年亚洲锦标赛的比赛用球，并非在世界巡回赛和里约奥运会上使用的中国制乒乓球，而是日本国内厂商——尼塔库制造的球。有选手评价认为，尼塔库的球具有"弹跳稳定、硬度高、弹性好、难以旋转"等特征，有利于不离开乒乓球台、强打上升球的平野的打法，但不利于以强烈的旋转为特点的中国选手。据报道，目前能生产国际乒联正式比赛用球的只有日本、中国以及德国的企业。即使同样是塑料，

---

① 李荣芝，顾楠.乒乓球运动的历史与文化[M].上海：同济大学出版社，2016：92.

各国使用的材料也不尽相同,加上采用塑料的历史较短,制造和加工方法不同,因此制造出来的球的特性被认为存在明显差异。在国际乒乓球联合会规定的标准范围内,各企业生产的球的反弹力也存在微妙差异。就球的旋转而言,还会受到胶皮的材料和打法的影响。将尼塔库的乒乓球剖开可以发现,其内部接缝处看起来并不明显。

尼塔库品牌在重视质量的同时,也能够抢抓商业机遇,赢得国际市场。20世纪80年代尼塔库品牌的营销案例给我国乒乓球器材销售上了生动一课。我国乒乓球队在第37届世乒赛中斩获6项冠军,名扬四海,这就顺理成章地会引起世界各国乒乓球运动员、爱好者、经销商对我国乒乓球器材的偏爱,是我国相关企业占据国际市场的良好机遇。但是,我们未能认识、开发这一潜在机遇,失去了占据世界市场的机会。而日本尼塔库牌乒乓球乘虚而入,比中国红双喜牌乒乓球多销售30多倍。红双喜乒乓球质量很高,又早已被国际乒联列为国际比赛用球,如果相关企业当时能够认识到这一机遇并随即策划宣传,中国红双喜乒乓球的国际市场销量会远远超过尼塔库乒乓球。

(二) 乒乓器材的德国制造

第48届世乒赛团体赛是在德国举行的。这些年来,德国的乒乓球水平急起直追,在欧洲可以与昔日的超级豪强瑞典一争高下。德国在乒乓器材的生产制造方面也是独树一帜的。优拉是其代表性品牌之一。

作为德国著名的运动品牌,制造并提供世界各国选手使用的高品质比赛用器材、提升国际乒乓球运动水准,成为优拉品牌始终坚持的信念。长期以来,使用其研制的器材并获得最佳成就的世界顶级乒乓球高手不乏其人。拥有先进的设计、制造、测试手段和大批一丝不苟的乒乓专业人才的优拉公司几十年来活跃在世界乒乓器材行业的前沿,与顶级的乒乓球选手们合作,为他们量身定做研制了许多秘密的武器,引领着世界乒乓器材的发展。

(三) 乒乓器材的瑞典制造

瑞典也是乒乓器材的生产制造强国,斯蒂卡是其著名品牌的代表。斯蒂卡是个合作伙伴遍及100多个国家的国际化的公司,已经作为世界乒乓球行业的引领者活跃了70多年了。在过去的半个多世纪里,斯蒂卡乒乓器材一直享有国际盛誉,在生产工艺以及产品开发上不断地进行创新,以保持斯蒂卡在乒乓器材制造领域的领先地位。斯蒂卡按照一系列严格的生产标准制造底板,同时不断研发更加先进的生产工艺。通过多年的努力,斯蒂卡已经积累了一系列底板生产的技巧、工艺。当下斯蒂卡着眼于作为乒乓球拍面研发创新型的领导者的角色来强化其在行业内的地位。在实现这个商业愿景的过程中,斯蒂卡致力于选用最优质的原材料,贯彻一流的质量标准,通过持续的研发投入来改良拍面,提升制造工艺。通过和世界顶尖选手、教练的亲密合作,斯蒂卡总是能探求到选手们不断衍变的需求。产品线中的底板系列已经成为斯蒂卡乒乓产品的核心和灵魂。创新思维与经典设计巧妙结合,配以瑞典手工打造,赋予斯蒂卡底板独一无二的特质,贯穿斯蒂卡的历史。①

四、乒乓器材与工匠精神

品质精良的乒乓器材制造与升级离不开工匠精神,也正是工匠精神成就了知名乒乓器材生产企业。德国和日本以工匠精神著称。德国的工业化道路是技术立国、制造兴国之路,而从内部支撑德国工业化道路的则是对技术近乎宗教般的狂热与虔诚的工匠精神。其工匠精神深深地根植于“德国制造”,信奉标准主义、专注主义和实用主义,是百年传承的灵魂根基。“日本制造”强大的秘诀也在于其工匠精神。日本对工匠传统的承袭与执着的精神,是根植于社会各个层面的普遍价值观,是一种由文化自信转换而成的坚持与执着。“日本制造”的工匠精神的重心,不仅仅是把工作当作赚钱营生的手段,而是在内心深处树立一种对工作敬畏、对生产的产品精益求精、对所做的事业孜孜以求的精神。众多日本企业中,工匠精神在企业内部形成一种文化思想上齐心协力的共同价值观,并由此培育出企业的内生成长机制。②

(一) 中国的工匠精神

工匠精神在我国更是由来已久。我国古代有着众多能工巧匠和令人叹为观止的作品,在现代社会中也是涌现出了一大批百年老字号、非遗传承人、国家级的

---

① 资料来源:斯蒂卡品牌官网.
② 杨红萍,颜铠晨.“工匠精神”的国际比较[J].经济师,2020(01):283-284,287.

大师等,这些企业或个人数十年坚守初心、坚守匠心,用一批批饱含心血、专注、执着的产品和作品阐述着工匠精神的伟大意义和重要作用。2015年4月,一部8集系列纪录片《大国工匠》在中央电视台黄金时段开播。从这天起,全中国人民都知道了高凤林、孟剑锋、顾秋亮……他们平凡却身怀绝技,用双手和智慧缔造了一个又一个神话般的"中国制造"。工匠精神对国家、对社会、对企业、对个人的发展和进步具有非常明显的激励和提升作用。[①] 红双喜、双鱼、729等中国乒乓球知名品牌能够取得今天的成就也离不开工匠精神的持续融入。中国在工业领域的优势不可小觑,我们拥有世界最完整的供应链,是世界上唯一拥有联合国产业分类中全部工业门类的国家,并且拥有超强的政府组织能力和丰富的政策工具。[②] 但我们务必要保持谦虚谨慎、艰苦奋斗的心态和作风,才能在现有基础上朝着更加辉煌的目标实现应有的进步和超越。

近年来,我国愈发重视并大力弘扬工匠精神,屡次将工匠精神写入政府工作报告。2016年李克强总理在政府工作报告中首提工匠精神:"鼓励企业开展个性化定制、柔性化生产,培育精益求精的工匠精神,增品种、提品质、创品牌。"[③]在2017年的政府工作报告中再次强调:"大力弘扬工匠精神,厚植工匠文化,恪尽职业操守,崇尚精益求精,打造更多享誉世界的'中国品牌',推动中国经济发展进入质量时代。"[④]2018年的政府工作报告中提到:"全面开展质量提升行动,推进与国际先进水平对标达标,弘扬工匠精神,来一场中国制造的品质革命。"[⑤]2019年政府工作报告中提到:"培育和践行社会主义核心价值观,广泛开展群众性精神文明创建活动,大力弘扬奋斗精神、科学精神、劳模精神、工匠精神,汇聚起向上向善的强大力量。"[⑥]

党的十九大报告也明确提出,"激发和保护企业家精神,鼓励更多社会主体投身创新创业。建设知识型、技能型、创新型劳动者大军,弘扬劳模精神和工匠精神,营造劳动光荣的社会风尚和精益求精的敬业风气"[⑦]。2020年,习近平总书记在全国劳动模范和先进工作者表彰大会上强调,"大力弘扬劳模精神、劳动精神、

① 淡海英.关于工匠精神的当代价值内涵和外延分析[J].营销界,2019(52):125-126.
② 佚名.政府工作报告首提"工匠精神"的深意[J].东西南北,2016(08):12-14.
③ 2016年政府工作报告[EB/OL].https://www.gov.cn/guowuyuan/2016zfgzbg.htm.
④ 2017年政府工作报告[EB/OL].https://www.gov.cn/guowuyuan/2017zfgzbg.htm.
⑤ 2018年政府工作报告[EB/OL].https://www.gov.cn/guowuyuan/2018zfgzbg.htm.
⑥ 2019年政府工作报告[EB/OL].https://www.gov.cn/guowuyuan/2019zfgzbg.htm.
⑦ 习近平在中国共产党第十九次全国代表大会上的报告[EB/OL].(2017-10-27).http://www.china.com.cn/19da/2017-10/27/content_41805113.htm.

工匠精神"①。习近平总书记深刻指出，在长期实践中，我们培育形成了"执着专注、精益求精、一丝不苟、追求卓越的工匠精神。劳模精神、劳动精神、工匠精神是以爱国主义为核心的民族精神和以改革创新为核心的时代精神的生动体现，是鼓舞全党全国各族人民风雨无阻、勇敢前进的强大精神动力"②。2022 年，习近平总书记在"致首届大国工匠创新交流大会的贺信"中再次强调："我国工人阶级和广大劳动群众要大力弘扬劳模精神、劳动精神、工匠精神，适应当今世界科技革命和产业变革的需要，勤学苦练、深入钻研，勇于创新、敢为人先，不断提高技术技能水平，为推动高质量发展、实施制造强国战略、全面建设社会主义现代化国家贡献智慧和力量。"③

（二）工匠精神内涵的时代特征

如果从工匠精神的表面构词意义出发，工匠精神的内涵侧重于"工匠所具有的一种职业道德或工作伦理"。古代社会的"工匠"或"匠人"一般是指代手工业者阶层。然而，在现代工业社会的生产方式下，手工业者并非职业群体中的主流，因此，当下中国社会流行的工匠精神一词，并不能从字面意义上简单地理解，否则其适用人群将极为有限，也就缺乏弘扬和培育的价值了。④ 在新时代理解工匠精神的内涵，应注意把握以下两个时代性特征。一是工匠精神具有普适性。工匠精神的践行主体已由从事体力劳动为主的特殊行业的"匠人"，扩展到包括从事以脑力劳动为主的科技开发、发明创造在内的各行各业的工作者，可以说每一位"恪尽职业操守，崇尚精益求精"的社会主义劳动者都是新时代的"工匠"。"工匠"主体的范围扩大至每一位劳动者，工匠精神的辐射范围是全体社会主义劳动者。二是工匠精神具有开放性。工匠精神的适用范围不再局限于传统手工业人群，工匠精神的内涵也因此以不同的形式向外延展，尤其是突显创新创业的时代精神特质。工匠精神既不是对传统职业伦理规范的颠覆，更不是简单延续，其内涵也自然并非一般意义上敬业守成的职业伦理规范，工匠精神以其开放性融通现代社会的伦理

---

① 习近平.在全国劳动模范和先进工作者表彰大会上的讲话［EB/OL］.（2020 - 11 - 24）.http://www.xinhuanet.com/politics/2020-11/24/c_1126781907.htm.

② 习近平.在全国劳动模范和先进工作者表彰大会上的讲话［EB/OL］.（2020 - 11 - 24）.http://www.xinhuanet.com/politics/2020-11/24/c_1126781907.htm.

③ 习近平总书记谈劳动［EB/OL］.（2022 - 05 - 01）.http://www.qstheory.cn/zhuanqu/2022-05/01/c_1128613817.htm.

④ 严鹏.工匠精神：概念、演化与本质［J］.东方学刊,2020(02)：40.

精神,不囿于守成守业,更强调创新创业。与传统手工业的小作坊生产不同,现代工匠精神更推崇分工合作的现代科技产业运作模式。①

(三)新时代国球制造的工匠精神

理解工匠精神,应结合政府工作报告尤其是习近平总书记关于"劳模精神、劳动精神、工匠精神"的重要讲话内容,进一步加强对工匠精神的理性认识。我们认为,新时代国球制造的"工匠精神"至少突出了以下四个方面的精神特质。

一是专注。从乒乓企业的角度看,"小事大作,小企大业",不求规模大,但求实力强。许多企业几十年专注于一个产品领域,力图做到最强,并成就大业。当然这个"大业",特指"大事业",能够在业内受到尊敬、有一定的地位。无论是中国制造,还是日本制造、德国制造、瑞典制造,都秉承着持续的用心、专一、专注,才有了这些世界著名的乒乓器材品牌。从劳动者的角度看,选定一个岗位或行业,就要脚踏实地地坚守下去,把自己的全部精力投入进去,才能在面对社会的浮躁时,调整节奏,不务虚功,踏踏实实地做好每一项工作。要在全社会倡导专注的文化,让工匠精神成为民族性格的一部分。

中国乒乓制造企业和生产劳动者正是由于长期秉持专注的精神,使国球制造和国球事业持续地获得傲人成绩。专注是一种态度、一种习惯、一种能力,也是一种境界。我们身处的时代是伟大的,面对海量的信息和繁杂的生活,只要专注于一项有意义的事业,就能找到价值感和存在感,就能形成专心做事的宁静平和的心态。②

二是求精。求精就是精益求精,就是要超越平庸,选择完善。老子曰:"天下大事,必作于细。"以匠人之心,追求技艺的极致,练就令人叹为观止的完美技艺。这样才能促使乒乓器材的制造工艺不断完善,质量不断提升至新的境界。早在2001年的中国乒协器材委员会和器材行业委员会的年会上,秘书长许绍发即对当时国产器材取得的成绩做了客观的评价。认为国产的乒乓球台、乒乓球和胶皮、套胶已经达到了世界一流水平,球板的质量也进步非常快,一些品牌的球板,无论是产品质量、外观、材质、重量,还是生产规模和实力,都能与任何一种外国名牌相媲美。他希望国内厂家都能像红双喜、双鱼、729那样全力支持国家队。"现

---

① 董雅华,蒋楚楚,刘铁英等.工匠精神的当代价值及其实现路径[J].现代教育管理,2020(03):86.
② 刘明新.进思[M].北京:光明日报出版社,2018:356-357.

在我们很多厂家有经济实力,产品的质量也达到世界一流水平,有能力,也应该有信心改变国手偏爱'洋枪洋炮'的现状"。① 经过 20 余年精益求精的发展,中国乒乓器材质量再上新台阶,如今,乒乓球国手们更加偏爱中国制造已成事实。

工匠精神要求劳动者在劳动过程中将毅力与关注力完全集中到劳动对象上。劳动者将自己的技艺与审美投注于劳动对象之中,反复琢磨、研究劳动对象,赋予其温度、情怀、个性,在他们眼中劳动对象本身也是有生命和使命的,他们的追求就是尽自己最大的努力将价值与美极致发挥。强烈的责任心与耐心使人能静下心来处理好细微之处,并趋于极致,保证劳动者的精神参与度,保证其精神和感情完全投入其中,从而摆脱机械的、强制的活动过程。② 有从事工业文化研究者这样定义与诠释工匠精神:"工匠精神是工匠对自己生产的产品精雕细琢、精益求精,追求完美和极致的精神理念。"③这种传统的界定虽然相较于今天我们提倡的新时代工匠精神意义相对狭窄,但也清楚地揭示了工匠精神在根源上是对完美质量的不懈追求。

三是创新。创新就是要大胆追求革新、实现突破。工匠精神强调既要对职业足够敬畏、使质量足够精良,又要富有追求革新、实现突破的创造活力。企业只有通过创新的机制、创新的理念发挥引导市场的作用,才能变得越来越强大。红双喜企业正是通过承担 40 毫米大球实验任务、推出彩虹球台等一系列创新动作,使得整个器材销售额大幅度上涨。④ 事实上,古往今来,热衷于创新和发明的工匠们一直是世界科技进步的重要推动力量。《中国制造 2025》中明确指出,要坚持把创新摆在制造业发展全局的核心位置,完善有利于创新的制度环境,推动跨领域跨行业协同创新,走创新驱动的发展道路。⑤

党的二十大报告也明确指出,"必须坚持科技是第一生产力、人才是第一资源、创新是第一动力,深入实施科教兴国战略、人才强国战略、创新驱动发展战略,开辟发展新领域新赛道,不断塑造发展新动能新优势"⑥。未来社会需要更多的高技能复合型人才,这种复合型人才除了要有精益求精的职业态度外,更需要创新

---

① 夏娃.国产乒乓球器材——"打假"见成效　质量在提高[J].乒乓世界,2001(04):42.
② 董雅华,蒋楚楚,刘铁英等.工匠精神的当代价值及其实现路径[J].现代教育管理,2020(03):86.
③ 严鹏.工匠精神:概念、演化与本质[J].东方学刊,2020(02):40.
④ 乒乓世界编辑部.国产器材如何面对 WTO[J].乒乓世界,2001(12):44.
⑤ 国务院关于印发《中国制造 2025》的通知[EB/OL].(2015 - 05 - 19).http://www.gov.cn/zhengce/content/2015-05/19/content_9784.htm.
⑥ 高举中国特色社会主义伟大旗帜　为全面建设社会主义现代化国家而团结奋斗——在中国共产党第二十次全国代表大会上的报告[EB/OL].(2022 - 10 - 25).http://www.gov.cn/xinwen/2022-10/25/content_5721685.htm.

精神。只有创新，才能实现"增品种、提品质、创品牌"的目标，这也是培育新时代工匠精神的意义所在。创新是人类特有的认识能力和实践能力，是人类主观能动性的高级表现形式，是推动民族进步和社会发展的不竭动力。创新是职业素质中最关键的部分，通过激发人的主体性、能动性、创造性，从而使人自身的内涵和能力获得极大丰富和扩展。创新是大国工匠的必备素质，用创新发明把"不可能"变成"可能"。①

四是敬业。敬业是从业者基于对职业的敬畏和热爱而产生的一种全身心投入的，认认真真、尽职尽责的职业精神状态。中华民族历来有"敬业乐群""忠于职守"的传统，敬业是中国人的传统美德，也是社会主义核心价值观在个体层面的一项基本要求。早在春秋时期，孔子就主张人在一生中始终要"执事敬""事思敬""修己以敬"。"执事敬"，是指行事要严肃认真不怠慢；"事思敬"，是指临事要专心致志不懈怠；"修己以敬"，是指加强自身修养保持恭敬谦逊的态度。敬业是建构工匠精神必不可少的要素。可以说，这个世界上没有不敬业的精工巧匠。在2007年全国乒乓球工作会议上，教练员李晓东谈到了对敬业的体会："我们乒乓界自上到下都是敬业的，敬业是我国乒乓界赖以成功的基石，是我们乒乓人的习惯、特点和传统。"他动情地表达："我爱乒乓球，爱得专注，爱得痴迷，爱得忘我，爱得痛苦，但我绝不后悔，如果允许我重活一次，我还会选择乒乓！"②

敬业是数十年如一日兢兢业业的工匠态度，是对自己职业工作选择的绝对尊重，是始终对工作抱有敬畏之心的慎独慎微。工匠态度不是"凡事差不多"的得过且过、合格就行，更不是马马虎虎随便糊弄。不管工作性质简单还是复杂，工匠们始终能够以最朴实的心态恪尽职守地面对工作。工匠精神体现在工匠责任之中。工匠的工作责任心并不以生存需要为根本目的，敬业的工匠必定有着很强的职业使命感和荣誉感，这是一种超出物质回报的责任心。合格的工匠之所以对自己的职业有着崇高的责任感，是因为他们坚信自己的职业工作有着不同寻常的意义和内涵。③

(四) 从"技"与"道"两个层面理解工匠精神

通过以上分析我们可以发现，新时代的工匠精神不仅重"技"，更要重"道"。

① 淡海英.关于工匠精神的当代价值内涵和外延分析[J].营销界,2019(52)：125-126.
② 李晓东.我是中国的乒乓人——李晓东谈敬业精神[J].乒乓世界,2007(02)：30-31.
③ 张齐武,徐浩然.当代中国工匠精神的时代内涵与践行路径[J].昆明理工大学学报(社会科学版),2020(02)：27.

工匠精神不应该仅是传统的手工艺人打磨一件产品,也不是一种炫技。只在技术层面谈工匠精神是不够的,要在精神里找到平衡,寻求圆满,最终要突破"技"达到"道"的层面。它是一种精神特征、一种状态、一种气质、一种信仰。工匠精神是一种对事业追求的自觉,动力来自内心深处对事业的热爱,也是一份责任和担当。工匠精神是对产品荣耀的负责,是对情怀的诠释、对人生的敬重、对世界秩序的坚守,无论是有形的产品还是无形的产品都能够体现工匠精神①。这是全体社会主义劳动者都应该努力培育和积极践行的一种宝贵精神品质。

从"技"和"道"两个层面来理解工匠精神,在中国特色社会主义的新时代背景下,不仅要关注工匠精神的职业技术内涵,更要关注其社会政治内涵,从社会政治的高度去把握其内涵和意义。

一是从工匠群体作为劳动人民的一部分来说,工匠精神作为一种劳动人民的勤劳精神,反映的是全社会的劳动者所具有的勤劳的精神品质。这是由工匠作为劳动者的社会身份和一定社会生产条件所共同决定的。工匠精神体现了劳动者,特别是普通劳动者的价值追求。因此,弘扬工匠精神就是要弘扬一种兢兢业业、勤奋刻苦的劳动精神,从本质上讲,就是弘扬崇尚劳动、尊重劳动者的精神。这种精神正是这个社会所需要的,它对于纠正当前一定范围内存在的轻视劳动,特别是轻视普通劳动者的不良风气具有重要的意义。二是从产业工人成为现代的工匠主体来说,工匠精神是一种工人阶级的先进精神。工匠精神作为兢兢业业、勤奋刻苦的劳动精神,不仅体现在手工业者群体中,也体现在现代工人群体中。而且,由于工人阶级是先进生产力的代表,是我国社会的领导阶级,具有很高的政治觉悟,因而工人阶级所体现的工匠精神不仅是一种普通的劳动精神,更是一种具有政治引领作用的先进精神。虽然在工业化时代,工厂的流水线生产取代了以往的手工生产,但是机械化生产并不是单单凭借机器自身就能完成的,工人阶级依旧能够凭借其掌握的技能积极参与其中。而正是在这样的劳作中,工人阶级展现出了某些精神品质,他们会为了提升品质而精益求精,为了减少失误而持续专注,为了提高效率而开拓创新。因此工匠精神依旧作为一股精神力量在工人阶级中得到很好的展现。三是从工匠活动从属于社会主义建设事业来说,工匠精神是一种社会主义的建设精神。自我国进入社会主义时期以来,工匠以及广大劳动者的

---

① 刘明新.进思[M].北京:光明日报出版社,2018:353-355.

社会身份已然发生了巨大转变,他们从资本主义社会的被剥削阶级转变为社会主义社会的主人。与此同时,工匠的实践目的也发生了变化,他们的生产活动不再只是维持自己的生活,而是与社会主义条件下的一切生产目的相一致,是为了解放和发展生产力,为了实现广大人民的根本利益。工匠社会身份、生产目的的转变则意味着,随着客观社会历史条件的改变,工匠投身于社会主义建设的社会性事业,而工匠在实践活动中所衍生出的工匠精神,就成为一种社会主义的建设精神。[①]

习近平总书记曾在多个场合强调:"体育承载着国家强盛、民族振兴的梦想。体育强则中国强,国运兴则体育兴。"[②]只有中国制造和中国创造强,中国乒乓球运动才能强,进而促进中国强和国运兴。正是由于一批又一批具有工匠精神的社会主义劳动者的辛勤付出,我们的中国制造才能不断创造奇迹,我们的中国创造才能傲视全球。我们不仅要通过弘扬工匠精神推动中国体育器材制造的创新与发展,更要在全社会各行业各领域,大力弘扬工匠精神,使其转化成全体社会主义劳动者的自觉意识,为社会主义现代化强国建设和实现中华民族伟大复兴提供一种宝贵的精神力量。

（邰鹏峰　高　峰）

思考题

1. 结合中国乒乓球器材生产制造所取得的成就,谈谈如何理解工匠精神的时代内涵?

2. 新时代国球制造的"工匠精神"突显了哪些精神特质?

参考文献:

[1] 赵翼.瓯北集(28卷)[M].上海:上海古籍出版社,1997.

[2] 汪玮琳,张允蚌,舒川.体育创造学概论[M].北京:中国经济出版社,2016.

[3] 贾彦.上海老品牌[M].上海:上海辞书出版社,2016.

[4] 吴兆祥.体育百科大全(39):新闻·奖励·组织·团体[M].合肥:安徽人民出版社,2008.

[5] 李荣芝,顾楠.乒乓球运动的历史与文化[M].上海:同济大学出版社,2016.

① 刘建军,马卿誉,邱安琪.工匠精神的社会政治内涵[J].学校党建与思想教育,2020(11):11.

② 习近平会见全国体育先进单位和先进个人代表等[EB/OL].(2017 - 08 - 27).https://www.gov.cn/xinwen/2017-08/27/content_5220823.htm.

［6］邢恬.心泪无痕［M］.成都：成都时代出版社,2007.

［7］刘明新.进思［M］.北京：光明日报出版社,2018.

［8］佚名.政府工作报告首提"工匠精神"的深意［J］.东西南北,2016(08).

［9］杨红萍,颜铠晨."工匠精神"的国际比较［J］.经济师,2020(01).

［10］淡海英.关于工匠精神的当代价值内涵和外延分析［J］.营销界,2019(52).

［11］严鹏.工匠精神：概念、演化与本质［J］.东方学刊,2020(02).

［12］董雅华,蒋楚楚,刘铁英,等.工匠精神的当代价值及其实现路径［J］.现代教育管理,2020(03).

［13］佚名.乒乓有形　网络无限——中国乒乓器材产业全新启动电子商务［J］.乒乓世界,2003(08).

［14］夏娃.国产乒乓球器材——"打假"见成效　质量在提高［J］.乒乓世界,2001(04)：42.

［15］李晓东.我是中国的乒乓人——李晓东谈敬业精神［J］.乒乓世界,2007(02)：30-31.

［16］张齐武,徐浩然.当代中国工匠精神的时代内涵与践行路径［J］.昆明理工大学学报(社会科学版),2020(02).

［17］刘建军,马卿誉,邱安琪.工匠精神的社会政治内涵［J］.学校党建与思想教育,2020(11).

［18］武汉体院学报编辑部.体育文摘［G］.武汉：武汉体育学院学报编辑部,1981.

图书在版编目（CIP）数据

国乒荣耀 / 李鉴主编. — 上海：上海教育出版社，
2024.2
（中国系列丛书）
ISBN 978-7-5720-2509-9

Ⅰ. ①国… Ⅱ. ①李… Ⅲ. ①乒乓球运动 – 体育运
动史 – 中国 Ⅳ. ①G846.92

中国国家版本馆CIP数据核字(2024)第048059号

责任编辑　邹　楠
封面设计　郑　艺

中国系列丛书
国乒荣耀
李　鉴　主编
_____

出版发行　上海教育出版社有限公司
官　　网　www.seph.com.cn
地　　址　上海市闵行区号景路159弄C座
邮　　编　201101
印　　刷　昆山市亭林印刷有限责任公司
开　　本　700×1000　1/16　印张 9.5　插页 2
字　　数　152 千字
版　　次　2024年5月第1版
印　　次　2024年5月第1次印刷
书　　号　ISBN 978-7-5720-2509-9/G·2373
定　　价　68.00 元
_____

如发现质量问题，读者可向本社调换　电话：021-64373213